Para Winter, que siempre me pregunta
qué tal el día y me escucha mientras
volvemos paseando desde la escuela a casa.
Una vez me preguntaste si este libro era
para ti y aquí tienes la prueba de que lo es.
—FG

EL MEJOR MUSEO DEL MUNDO

FERREN GIPSON

¡Descubre el mejor museo del mundo!

Recorre nuestras galerías y descubrirás maravillosas obras de arte de ¡todas las épocas!

 ¡ALLÁ VAMOS!

EMPIEZA AQUÍ

Explorar el arte es como ser un detective.

El arte nos da pistas sobre cómo es nuestra cultura, pero también sobre cómo son las demás. Nos habla de cosas que sucedieron hace cientos de años, de cómo vestía la gente o qué comía. Nos ayuda a reflexionar sobre la época en que vivimos y lo diferentes (¡o parecidos!) que somos de nuestros antepasados o incluso de nuestros vecinos.

En este museo hay obras de arte de todo el mundo y podrás ver piezas magníficas de lugares o épocas diferentes, una junto a la otra. Todas tienen algo especial que las hace únicas y contienen información oculta que aguarda a ser desvelada.

Al pasear por sus salas descubrirás la increíble historia del arte a través de los tiempos. Cuando hayas recorrido todas las galerías, te habrás convertido en especialista en historia del arte.

CONSEJOS Y RECOMENDACIONES

A medida que avances por el museo, junto a algunas fechas verás las abreviaturas, «a. C.», «d. C.» y «h.». Te vamos a explicar lo que significan: «a. C.» significa «antes de Cristo» e indica que algo es muy antiguo; «d. C.» es «después de Cristo» y es el periodo histórico en el que vivimos actualmente; «h.» es la abreviatura de «hacia» y se emplea para indicar que la fecha que se muestra es la que los historiadores del arte consideran más aproximada a la realidad.

En todas las galerías hallarás temas e ideas interesantes que se van repitiendo. Busca el símbolo con un ojo. Allí encontrarás preguntas que te servirán de guía para embarcarte en una búsqueda de temas similares que aparecen en diferentes obras de arte de todos los tiempos y lugares.

Si te pierdes, utiliza los mapas que encontrarás en la entrada de cada galería. Así sabrás dónde estás en cada momento.

También verás palabras en **negrita** que son un poco misteriosas, pero no te preocupes, al final del libro encontrarás pistas que te ayudarán a descubrir su significado.

Por último, si necesitas un descanso o tomar un poco de aire fresco, pásate por la cafetería o date un paseo por el jardín.

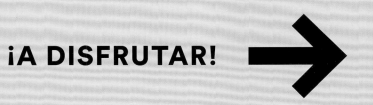

¡A DISFRUTAR!

¡VIAJA AL PASADO!

Descubre los tesoros de las primeras civilizaciones del mundo y el arte más antiguo.

Esta sección del museo es como una máquina del tiempo en la que podrás viajar a una época en la que se crearon por primera vez cosas tan importantes como los idiomas, las ciudades y el arte. Explora estas civilizaciones a través de las pinturas y los objetos que crearon.

EN ESTA ALA ENCONTRARÁS...

- Tumbas
- Tesoros ocultos
- Esculturas heroicas
- Momias egipcias
- Templos majestuosos
- Criaturas míticas
- Arte rupestre
- Antiguos imperios
- Barcos vikingos
- Dioses y diosas
- Romanos
- Mitos griegos

GALERÍA A
La Edad de Piedra

Tu visita comienza en una galería llena de obras muy antiguas. Las primeras esculturas y pinturas de nuestros antepasados pertenecen a un mundo muy diferente, era una época fría y peligrosa en la que existían los tigres de dientes de sable y los mamuts.

La Edad de Piedra es la época en la que los seres humanos empezaron a fabricar sus primeras herramientas empleando, precisamente, piedras. A este periodo lo llamamos «prehistórico», es decir, que es anterior a la invención de la escritura. Fue entonces cuando se crearon las primeras obras de arte y, aunque solo podemos imaginar los motivos de por qué se hacían, lo cierto es que en todo el mundo se han encontrado pinturas prehistóricas en rocas y en las profundidades de las cuevas.

Los seres humanos que vivían en la Edad de Piedra eran cazadores y recolectores, es decir, que tenían que desplazarse todo el tiempo para buscar comida, de modo que necesitaban que su arte se pudiera transportar con facilidad y por eso sus esculturas no eran tan grandes como las estatuas y monumentos que vemos hoy en día.

Echemos un vistazo al arte que hacían nuestros antepasados en una época de piedra, hielo y mamuts lanudos...

SALAS 1-2

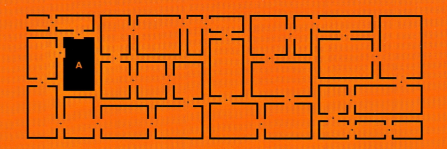

MAPA DE LA ÚLTIMA GLACIACIÓN: UN MUNDO ANTIGUO Y CONGELADO

- ① ARGENTINA
- ② FRANCIA
- ③ ALEMANIA
- ④ NAMIBIA
- ⑤ AUSTRALIA
- OCÉANOS
- HIELO MARINO
- CASQUETE POLAR
- TIERRA

La Edad de Piedra 13

SALA 1

PINTURAS RUPESTRES
Cuevas fascinantes

Imagina que no tienes papel ni nada para pintar, ¿qué harías? Pues resulta que las paredes de las cuevas son lugares estupendos para dibujar y además las pinturas se conservan mucho tiempo. Nuestros antepasados se adentraron en cuevas alumbrándose con sencillas lámparas de grasa

animal y allí pintaron increíbles escenas de cazadores, animales e incluso danzas ceremoniales. Se piensa que estas pinturas funcionaban como símbolos rituales para asegurarse de que los animales que necesitaban cazar no desapareciesen. Cada obra de arte es una pequeña pista sobre el pasado.

ANIMALES SALVAJES

SALA DE LOS TOROS, CUEVA DE LASCAUX, H. 18 000-15 000 A. C.

En 1940, cuatro niños descubrieron por casualidad las pinturas de las cuevas de Lascaux (Francia) mientras buscaban a su perro. No sabían que habían hallado uno de los mayores yacimientos de arte prehistórico del mundo. En estas sinuosas cuevas hay cerca de seiscientas pinturas. En una de las grandes cámaras, llamada Sala de los Toros, los artistas pintaron ciervos, caballos y toros, además de algunas especies de animales, como los ciervos gigantes y los osos de las cavernas, que se han extinguido. Para pintar en las paredes utilizaban **pigmentos** a base de plantas, piedras y carbón.

👁 Los animales de esta imagen eran una importante fuente de alimento. Si tuvieras que pintar tu plato favorito, ¿cuál sería?

ESCUPIR PARA PINTAR

PLANTILLAS DE MANOS, CUEVA DE LAS MANOS, H. 11 000-7500 A. C.

Las manos son quizá la herramienta más sencilla para pintar. En la Cueva de las Manos (Argentina), los pintores colocaban sus manos en la pared para usarlas como **plantillas** y dibujar su silueta. Masticaban hojas para crear una especie de pigmento, que luego escupían directamente sobre las paredes para colorear los contornos de las manos.

👁 ¿Cuántas manos izquierdas puedes contar?

DANZA RITUAL

PINTURAS DE BRADSHAW, H. 19 000 A. C.

Estas pinturas de Australia muestran figuras alargadas que llevan una vestimenta especial. Fíjate en las fajas alrededor de la cintura y las borlas de los brazos. Muchos llevan lo que parecen ser tocados y portan objetos desconocidos que seguramente se utilizaban para las ceremonias. En algunas escenas, las figuras parecen correr y bailar y quizás estén participando en un antiguo ritual hoy desaparecido.

REBAÑOS

ARTE RUPESTRE, SIGLOS XI A. C-I D. C.

En esta roca podemos ver imágenes de animales, incluyendo una jirafa extendiendo su largo cuello por encima de los animales. Se encuentra en el yacimiento de Twyfelfontein (Namibia), donde hay miles de petroglifos. Los humanos de la Edad de Piedra habitaron en esta zona hace unos 10 000 años.

OBJETOS DE LA EDAD DE HIELO
Arte en movimiento

SALA 2

Los pueblos prehistóricos eran cazadores-recolectores de modo que no vivían en un lugar concreto ni cultivaban sus propios alimentos. Al desplazarse continuamente, tenían que llevar todas sus pertenencias consigo y por eso solo esculpían objetos pequeños. Nuestros antepasados llevaban **figurillas**, joyas y herramientas realizadas con marfil, hueso y piedra, si tú tuvieras que mudarte, ¿qué te llevarías?

TAN FUERTE COMO UN LEÓN
HOMBRE LEÓN DE HOHLENSTEIN-STADEL, H. 31000 A.C.

Esta figura, un cuerpo humano con cabeza de animal, fue descubierta en Alemania. En un principio se pensó que representaba la cabeza de un león, pero algunos expertos creen ahora que se trata de un oso. Es la primera **escultura** zoomorfa (con forma de animal) descubierta en la Tierra. Está tallada en un colmillo de mamut utilizando herramientas de piedra.

HERRAMIENTAS DE CAZA
PROPULSOR DE LANZAS, H. 15000- 13000 A.C.

Las lanzas se utilizaban para cazar los animales que servían de alimento. A veces empleaban herramientas talladas llamadas propulsores para poder lanzarlas más lejos y algunos incluían pesos, como este bisonte, para lograr más velocidad. Este se encontró en Francia.

MUJERES INCREÍBLES
VENUS DE WILLENDORF, H. 25000 A.C.

Las venus son pequeñas figuras de mujeres talladas en piedra o hechas con arcilla y se piensa que están relacionadas con la idea de la fecundidad. Este es el ejemplo más famoso de las cerca de cuarenta encontradas en Willendorf (Austria). Mide unos 11 cm, ni la mitad que una Barbie, y al ser tan pequeña, la podían transportar con facilidad.

👁 ¿En qué se parece a la figura de la página 36?

La Edad de Piedra

GALERÍA B
Oriente Próximo Antiguo

Aquí te esperan gigantescas esculturas y auténticos tesoros. ¿Te imaginas que un día descubres una ciudad desaparecida hace muchísimo tiempo? Pues eso ya ocurrió: se descubrieron antiguas ciudades enterradas bajo el lodo y la arena.

En la galería del Oriente Próximo Antiguo, encontrarás historias sobre las primeras civilizaciones y los grandes imperios que construyeron. Empezaremos por la antigua Mesopotamia (el actual Irak) hacia el año 3100 a. C. Fue allí donde se inventó la primera lengua escrita, se redactaron leyes y se desarrollaron sistemas de transporte de mercancías por tierra y mar. Además, construyeron ciudades por toda la región, que abarcaba los actuales países de Jordania, Siria e Irán, entre otros.

Los habitantes de cada zona tenían sus propias creencias religiosas, rituales y dioses, que se reflejan en su arte y modo de vida. Con el desarrollo del comercio, los imperios se extendieron y los artistas podían intercambiar ideas. Como eran de zonas diferentes, su arte podía ser distinto, pero también tenían muchas cosas en común, como la preocupación por la relación entre humanos y dioses.

¿Quieres saber más? Nuestro viaje comienza con los primeros imperios.

SALAS 3-7

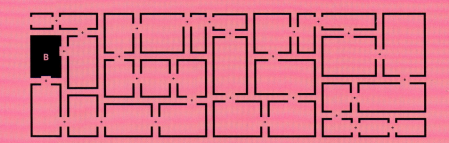

LOS GRANDES IMPERIOS DE ORIENTE PRÓXIMO

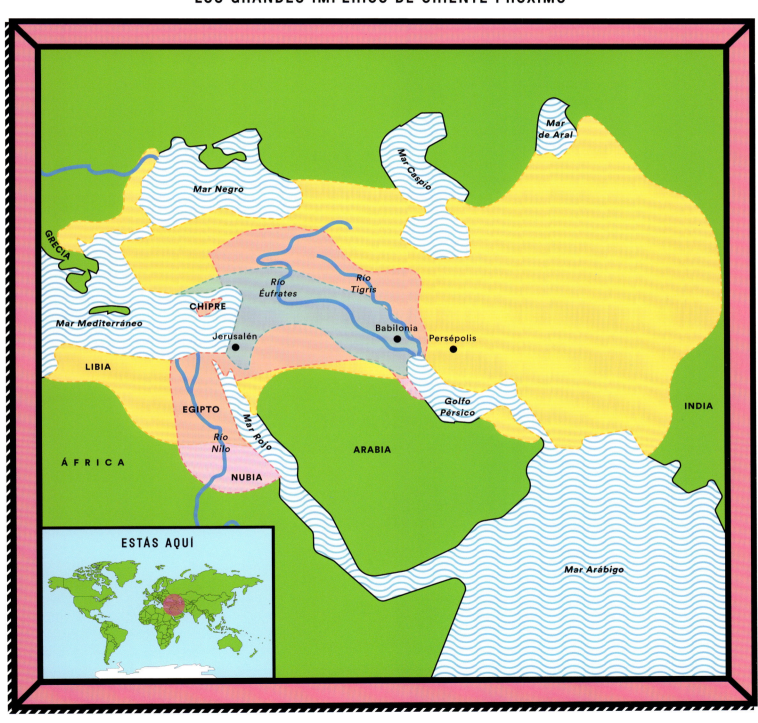

ESTÁS AQUÍ

 EL IMPERIO PERSA EN SU APOGEO   EL IMPERIO BABILÓNICO EN SU APOGEO   EL IMPERIO ASIRIO EN SU APOGEO

Oriente Próximo Antiguo   19

SALA 3 — ARTE MESOPOTÁMICO TEMPRANO
Las primeras civilizaciones

La región de la antigua Mesopotamia (actual Irak) estaba situada entre los ríos Tigris y Éufrates. Había mucha agua y tierra muy fértil para cultivar alimentos y criar animales. Aquí se construyeron algunas de las primeras ciudades y florecieron la civilización sumeria y el Imperio acadio. Estas culturas inventaron los primeros sistemas de escritura y las primeras ruedas que se utilizaban para fabricar cerámica.

ESTATUAS EN LOS TEMPLOS
ESTATUILLA VOTIVA SUMERIA, H. 2600 A.C.

La civilización de Sumer estaba al sur de Mesopotamia. Construyeron muchos **templos** para adorar a dioses y diosas y en su interior colocaban estatuas como esta para sustituir a los fieles cuando estos no podían acudir. Se supone que sus grandes ojos miraban hacia la estatua de un dios.

EL REY MALDITO
REY DE ACAD, H. 2250 A.C.

El acadio fue el primer gran imperio. Se piensa que esta escultura de **bronce** representa al rey Naram-Sin, que se consideraba un dios. Los **mitos** antiguos dicen que su imperio fue maldecido cuando robó tesoros del templo de Enlil, el dios sumerio del cielo y la tormenta. El ojo de su estatua fue arrancado posteriormente como protesta por su codicia.

UN TESORO REAL
EL ESTANDARTE DE UR, 2600-2400 A.C.

La familia real de la antigua ciudad de Ur, aspiraba a tener tumbas dignas de su categoría. Estas se tallaban en cámaras de piedra bajo tierra y este objeto se descubrió en una de ellas. Estaba destrozado (¡después de 4500 años bajo tierra no es raro!), pero hoy está restaurado. En este lado vemos una escena de guerra con soldados y carros, mientras que en la otra hay una escena de paz.

IMPERIO ASIRIO
Grabado en piedra

SALA 4

Después de los acadios, los asirios gobernaron el norte de Mesopotamia (norte de Irak, noreste de Siria y sureste de Turquía) hasta el 612 a. C. Sus ciudades estaban llenas de impresionantes edificios y de arte.

Hacían minuciosos relieves, que tallaban en enormes piedras, donde mostraban batallas, escenas religiosas y la vida en la corte. Se pintaban con colores brillantes y se colocaban en los palacios como símbolos del poder real.

LA VIDA EN PALACIO
EL REY ASURNASIRPAL II Y SUS SIRVIENTES, 883-859 A.C.

El relieve es una técnica escultórica en la que se trabaja sobre una superficie plana, de manera que se obtiene algo así como un cuadro **tridimensional** (3D). Los relieves como el que vemos en esta imagen nos muestran cómo vivía la realeza asiria en esta época. Este tiene casi dos metros y medio de altura y estaba en el palacio del rey Asurnasirpal II. En él podemos ver al rey (a la derecha, con corona) rodeado de sus sirvientes. Los detalles de la ropa y los objetos nos ayudan a entender cómo eran los muebles del palacio e incluso cómo vestían los miembros de la corte, ¡hasta el calzado! Los textos y las imágenes de este relieve servían para difundir y mostrar el poderío de este rey.

HAZ ZOOM

Oriente Próximo Antiguo

SALA 5

IMPERIO BABILÓNICO
Una ciudad colosal

Los babilonios vivían en el sur de Mesopotamia. Eran feroces guerreros que conquistaron el Imperio asirio en el norte y construyeron grandes palacios y ciudades para mostrar su poderío. Muchos de estos edificios se levantaron durante el reinado de Nabucodonosor II (605-562 a. C.), uno de los gobernantes más poderosos de la época. Con el tiempo, la capital asiria de Babilonia se convirtió en la ciudad más grande del mundo.

¡UNA ENTRADA GLORIOSA!
PUERTA DE ISHTAR, H. 605-539 A. C.

Para acceder al centro de la ciudad de Babilonia, los visitantes debían atravesar esta enorme puerta azul, conocida como la puerta de Ishtar. Se trata de una impresionante construcción de más de doce metros de altura: ¡como dos jirafas una encima de otra! Las paredes están cubiertas de **cerámica** de colores y tienen relieves que muestran dragones, leones y toros dorados. Estos animales sagrados simbolizaban a los dioses Marduk, Ishtar y Adad. La puerta lleva el nombre de Ishtar, diosa del amor y la guerra, y en ella se puede leer un texto que dice que el rey Nabucodonosor II quiso construirla para que todo el mundo se quedase admirado, algo que sigue sucediendo 2600 años después.

HAZ ZOOM

ARTE IRANÍ Y LEVANTINO TEMPRANO
Formas de comercio

SALA 6

El Levante es una antigua región ubicada al oeste de Mesopotamia. Sus habitantes comerciaban, viajaban y compartían sus estilos artísticos. También tenían relaciones comerciales con sus vecinos de la antigua Grecia y Egipto, lo que explica por qué encontramos escritura egipcia, es decir, jeroglíficos, en algunos de sus objetos. Fabricaban sus esculturas en piedra, metal, marfil y otros materiales.

TORO MÍTICO
JARRA CEBÚ, H. 1200 A. C.

El cebú es un toro con joroba muy frecuente en el arte iraní primitivo. La nariz de este cebú **de cerámica** tiene un pico para verter líquidos. Este recipiente y otros similares se encontraron en un cementerio del norte de Irán. El cebú podría estar relacionado con el dios persa Mitra. En la mitología, Mitra luchó contra el Toro del Cielo, que tenía poder sobre el mundo natural. Mitra salió victorioso y el dios-toro concedió a los humanos buenas cosechas.

> **? SABÍAS QUE…**
>
> Los nómadas son personas que no tienen un hogar permanente, sino que viajan de un lugar a otro buscando los mejores pastos para alimentar a su ganado. Estas culturas llevan sus pertenencias consigo, entre ellas algunos objetos pequeños como esta jarra cebú.

¡PARA ESTAR GUAPOS!
TAPA DE CAJA DE COSMÉTICOS, H. 1300-1200 A. C.

Esta pieza de marfil servía como tapa de una caja que contenía maquillaje. En ella vemos a una antigua diosa de la naturaleza, la Señora de los Animales, que sostiene unas espigas mientras alimenta a dos cabras salvajes. Aunque pertenece al Oriente Próximo antiguo, su vestido y su peinado siguen la moda de la antigua Grecia. A los hombres y a las mujeres les gustaba maquillarse y machacaban piedras hasta obtener un polvo que luego mezclaban con agua para hacer sombras de ojos y pintalabios.

SALA 7

EL IMPERIO PERSA
Los poderosos persas

El poderoso Imperio babilónico cayó en manos del rey Ciro II de Persia en el año 539 a. C. Este rey y sus sucesores conquistaron el territorio que se extendía desde Egipto hasta el Indo y fundaron el Imperio persa aqueménida (h. 550-330 a. C.), el más grande del mundo en aquella época. Su arte es una muestra de la riqueza y el poder que atesoró este nuevo gran imperio.

UN VASO SAGRADO
CUERNO PARA BEBER, H. 500-300 A. C.

CARROS DE FUEGO
MAQUETA DE CARRUAJE, H. 500-300 A. C.

Este cuerno estriado tiene una abertura para verter líquido y otro orificio para que salga. Se utilizaba para beber en algún tipo de ceremonia ritual y está diseñado como si fuese un grifo, una criatura mitológica mitad águila y mitad león.

El conductor de este carruaje de oro es Bes, un dios egipcio protector, que aparece a menudo en las obras de arte persas. Ambas figuras están vestidas al estilo del pueblo medo del antiguo Irán. Cuando su hogar, en el reino de Media, fue conquistado por el rey Ciro II pasó a formar parte del Imperio persa. Este objeto pertenece a los tesoros de oro y plata descubiertos cerca del río Oxus (Amu Daria) en el actual Tayikistán.

¡VIENEN DE MUY LEJOS!
RELIEVES DE PERSÉPOLIS, H. 550-330 A.C.

La ciudad de Persépolis se construyó a los pies de la montaña Rahmat, en lo que hoy es el suroeste de Irak. Como capital del Imperio aqueménida, necesitaba una **arquitectura** grandiosa, capaz de impresionar a los visitantes. Las gigantescas esculturas y tallas de sus edificios mostraban imágenes religiosas y personajes del imperio.

Arpanda era el palacio más grande de la ciudad y tenía una sala de audiencias para recibir a los invitados. En el camino hacia ella, las esculturas en relieve mostraban filas de gente que llevaban regalos al rey. Al estudiar sus ropas y objetos, los historiadores han identificado a personas de lugares muy diferentes: Egipto, el reino nubio de África, Grecia... El calzado y los sombreros redondos de las figuras de este relieve nos indican que podrían proceder de la región iraní llamada Media.

GALERÍA C
Antiguo Egipto

Conocemos a los antiguos egipcios por sus gigantescas pirámides, momias y tumbas secretas. Pero ¿sabías que les encantaba inventar cosas? Crearon pelucas para protegerse del sol y mezclaban polvos para hacer pasta de dientes.

Los artistas egipcios tenían una función esencial ya que se encargaban de decorar el interior de las tumbas y de retratar a la realeza, es decir, a los faraones. Pero tenían que seguir unas normas estrictas. Al representar a los faraones en pinturas o esculturas, estos siempre debían tener determinadas poses y ser más grandes que los demás.

Las personas que vemos en sus obras no tienen un aspecto real. El artista solía pintar la nariz de lado mientras los ojos miraban de frente, pero esto tiene una explicación y es que los antiguos egipcios creían que el poder de las imágenes iba más allá de la vida real y que enseñar sus ojos y nariz completos les ayudaba a respirar y ver. Incluso pintaban alimentos en las paredes de las tumbas para dar de comer a la gente en el más allá.

Esta es una de las galerías más famosas del museo, así que procura evitar las multitudes mientras exploras un mundo de dioses impresionantes y faraones intrépidos.

SALAS 8-12

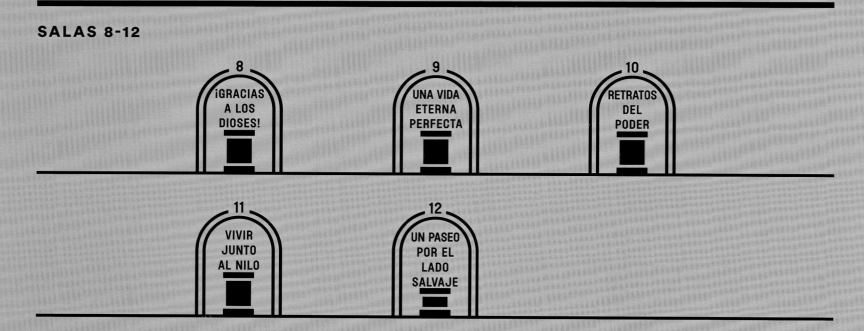

8 ¡GRACIAS A LOS DIOSES!
9 UNA VIDA ETERNA PERFECTA
10 RETRATOS DEL PODER
11 VIVIR JUNTO AL NILO
12 UN PASEO POR EL LADO SALVAJE

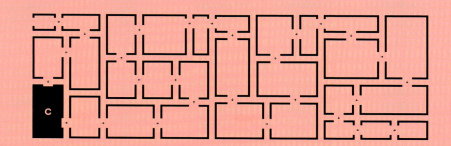

EL ANTIGUO EGIPTO: REINOS A ORILLAS DEL GRAN NILO

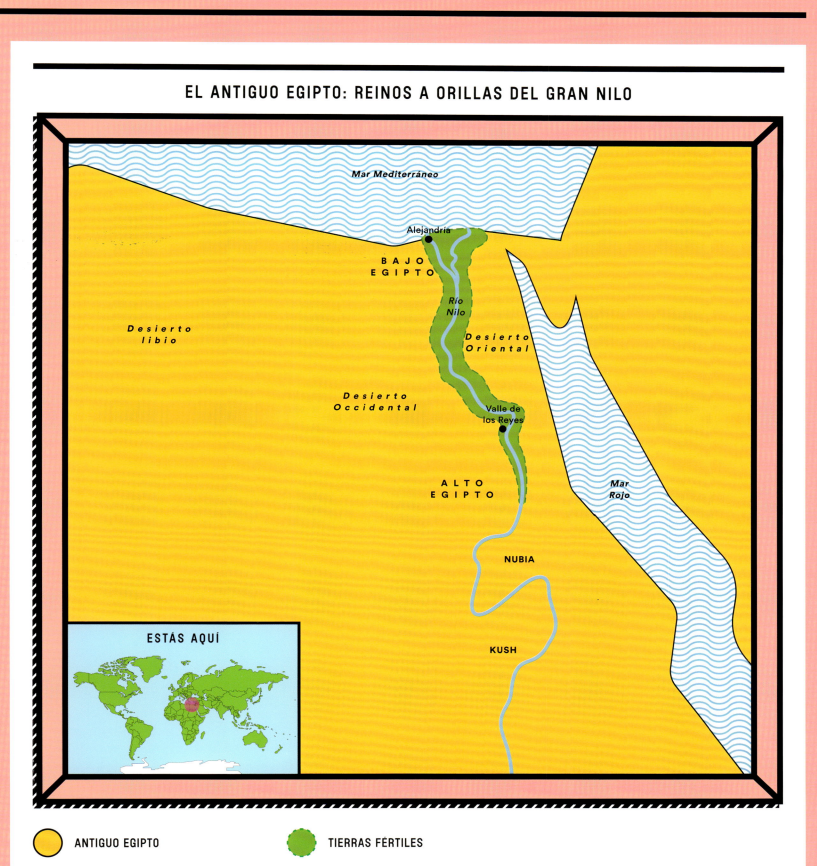

🟡 ANTIGUO EGIPTO   🟢 TIERRAS FÉRTILES

SALA 8
ESTATUAS EGIPCIAS
¡Gracias a los dioses!

Los antiguos egipcios tenían más de dos mil dioses y diosas y creían que era importante reconocerlos y adorarlos para tener una buena vida. Algunos eran más populares que otros y cada uno representaba un aspecto diferente de la naturaleza o de la vida cotidiana. También tenían poderes especiales y una apariencia única. A menudo, tenían el cuerpo de un ser humano y la cabeza de un animal, lo que facilitaba su identificación.

BIEN CONSERVADOS
ANUBIS, 332-330 A.C.

Esta estatua está hecha de madera y yeso pintado y representa a Anubis, dios de la muerte y la momificación. Se le suele representar con cuerpo de humano y cabeza de chacal. La momificación es el proceso de conservación de un cuerpo después de su muerte. Para ello se extraen todos los órganos, excepto el corazón, se cubre el cuerpo con sal y se deja secar cuarenta días. Luego se lava, se unta con aceite y se envuelve con vendas.

LUCHA COMO UNA LEONA
SAKHMET, H. 1336-1327 A.C.

La diosa Sakhmet tiene cuerpo de humano y cabeza de león. Era una feroz diosa de la guerra y protectora de los gobernantes y su nombre significaba «poderosa». Fue muy popular en la antigua capital egipcia, Menfis, y también era conocida como la diosa de la enfermedad y la curación, porque sus seguidores creían que podía devolver la salud a la gente. Sobre su cabeza observamos un disco solar.

ARTE FUNERARIO EGIPCIO
Una vida eterna perfecta

SALA 9

Puede parecer siniestro, pero los egipcios pensaban mucho en la muerte. Y es que buena parte de su arte era para que las personas fuesen felices después de la muerte. Las esculturas y pinturas de las tumbas muestran lo que la gente quería. Creían que estas imágenes cobrarían vida una vez en el otro mundo. Cuanto más rica era una persona, más lujosa era la tumba y construyeron las pirámides para enterrar los faraones.

UNA NUEVA VIDA
NEBAMUN CAZANDO EN LAS MARISMAS, H. 1380 A. C.

Esta pintura se encontró en la pared de la tumba de un hombre rico llamado Nebamun. Aquí lo vemos cazando aves salvajes. La escena está llena de peces, gatos, pájaros y juncos de papiro. Si cazaba esos animales podría obtener comida y llevar una vida tranquila junto con a su esposa después de la muerte.

> **? SABÍAS QUE…**
>
> En el antiguo Egipto, pintaban alimentos en las paredes de las tumbas para «alimentar» a la gente en el más allá.

Antiguo Egipto

SALA 10

EL ARTE DE LOS FARAONES
Retratos del poder

Al rey de Egipto se le llamaba faraón. Solían ser hombres, aunque hubo mujeres poderosas como Hatshepsut (1507-1458 a. C.) que también gobernaron con ese título. Los faraones eran los responsables del gobierno y la religión y se les consideraba dioses, por eso se colocaban grandes esculturas suyas en lugares prominentes, como los templos. Los puedes reconocer en las imágenes por su corona y su tamaño.

EL REY NIÑO
MÁSCARA FUNERARIA DE TUTANKAMÓN, H. 1327 A. C.

UNA REINA MUY PODEROSA
NEFERTITI, H. 1352-1336 A. C.

Tutankamón tenía unos nueve años cuando se convirtió en faraón. Murió diez años después. Su tumba era pequeña, pero escondía más de cinco mil tesoros. Esta máscara, hecha de oro y piedras preciosas, estaba sobre la cabeza de su momia para protegerla. La cobra era el símbolo de la diosa Wadjet y solo un faraón la podía llevar.

Esta escultura de tamaño natural representa a la reina Nefertiti, cuyo nombre significa «la bella mujer ha llegado». Nefertiti era la reina principal y la más poderosa de todas las esposas del faraón Akenatón. El ojo de la escultura es de cuarzo y da la impresión de que te mira fijamente. Al parecer, se pintó solo con ese ojo.

EL GANADOR SE LO LLEVA TODO
RELIEVE DE TUTMOSIS III, H. 1479-1425 A.C.

Durante la primera mitad de su reinado, el faraón Tutmosis III gobernó junto a su tía, la faraona Hatshepsut. Cuando esta falleció, conquistó nuevos territorios y construyó templos y monumentos para celebrar sus victorias.

Esta gigantesca talla de Tutmosis III es un relieve de arenisca en el exterior de un templo. Los contornos están tallados en la piedra de tal manera que el sol pueda proyectar sombras muy marcadas.

SALA 11

TALLAS EGIPCIAS
Vivir junto al Nilo

El Nilo es el río más largo del mundo y en un desierto caluroso y seco como el egipcio, suponía un valiosísimo recurso. Estaba lleno de peces y era muy útil para la agricultura. La gente también se bañaba en el río, por lo que era un lugar muy concurrido. Estas pequeñas tallas nos muestran escenas de la vida diaria y, aunque nos pueden parecer maquetas modernas, se hicieron hace miles de años.

CONTANDO VACAS

INSPECCIÓN DEL GANADO, H. 2055-1985 A.C.

Esta maqueta se encontró en la tumba de un importante funcionario llamado Meketre. Aparece sentado en su porche con cuatro escribas mientras toma notas sobre su ganado, que era esencial ya que servía para arar y era además una fuente de leche y carne. Cuanto más ganado tenías, más rico eras.

LA TIERRA DEL ARCO

ARQUEROS NUBIOS, H. 2055-1985 A.C.

La región de Nubia, que hoy forma parte de Sudán, se encontraba aguas arriba del Nilo, al sur de Egipto. Los nubios tenían su propia cultura y reinos, como el rico reino de Kush, que existió durante más de tres mil años. Los nubios eran famosos por su pericia en el manejo del arco. De hecho, la palabra egipcia para Nubia era Ta-Seti («tierra del arco»). Esta maqueta con cuarenta arqueros nubios se encontró en la tumba de un gobernador egipcio llamado Mesheti. Es posible que un grupo similar de arqueros defendiera el territorio de Mesheti.

ARTE ANIMAL
Un paseo por el lado salvaje

SALA 12

Los faraones egipcios tenían perros, gatos e incluso guepardos como mascotas. Cerca de sus ciudades vivían muchos animales salvajes, incluidos los cocodrilos e hipopótamos que acechaban en el Nilo.

En Egipto, algunos animales se consideraban sagrados y por eso aparecen constantemente en su arte. Cada animal tenía un significado especial basado en las cualidades por las que eran conocidos en la vida real.

DE PESCA
BOTELLA EN FORMA DE PEZ, H. 1330 A.C.

Las botellas de vidrio, como este pez de colores brillantes, se hacían para uso diario. Los historiadores creen que esta se utilizaba para guardar perfume. El diseño tiene la forma de una tilapia del Nilo, un pez que incuba y cría a los pececillos en su boca.

ANIMALES PELIGROSOS
HIPOPÓTAMO, H. 1985-1773 A.C.

Los egipcios temían al hipopótamo porque era grande y peligroso, pero también creían que era un símbolo de renacimiento. Esta figura se encontró en una tumba y tres de sus patas se rompieron a propósito para evitar que causara demasiados problemas en el más allá.

UN GATO GENIAL
GATO DE GAYER-ANDERSON, H. 360 A.C.

Este gato de bronce representa a la diosa Bastet, protectora de los niños. Los escarabajos de su cabeza y pecho son símbolos de renacimiento. Los egipcios pensaban que el escarabajo hacía rodar una bola de estiércol al igual que Ra, el dios del sol, hacía rodar el sol por el cielo para que naciera un nuevo día.

Antiguo Egipto 33

GALERÍA D
Antigua Grecia

Los antiguos griegos eran grandes narradores. Escribían historias épicas y construían teatros en las laderas de las colinas para representarlas. Hoy, gracias a su arte conocemos sus historias y mitos.

A los griegos les encantaba el arte. Hacían esculturas, cerámica, **mosaicos**, pinturas y construían enormes templos de mármol y piedra. A través de su arte contaban mitos sobre dioses, héroes y monstruos. Eran muy buenos esculpiendo tallas de personas y para ello se inspiraban en sus héroes y dioses. El resultado fueron estatuas increíblemente reales.

La antigua Grecia no era un único país, como lo es la Grecia moderna. Estaba formada por numerosas ciudades-estado, es decir que cada pueblo y ciudad tenía sus propias leyes, aunque compartían la cultura, la lengua y la religión.

Los antiguos griegos han sido siempre una fuente de inspiración gracias su destreza artística y a sus relatos fantásticos. Incluso los antiguos romanos solían copiarlos. Entender esta época te ayudará a descubrir la historia que hay detrás de siglos de arte europeo.

Es hora de averiguar por qué los griegos han sido tan influyentes.

SALAS 13-17

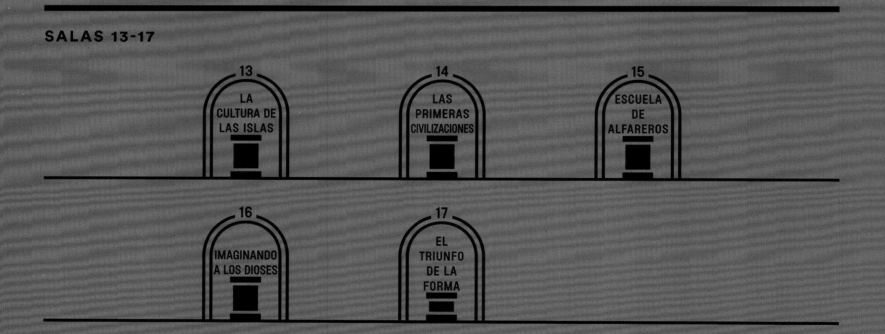

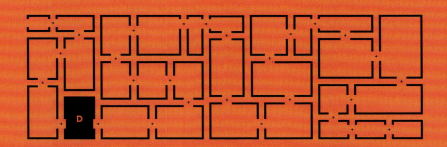

ISLAS, CULTURAS Y CIUDADES DE LA ANTIGUA GRECIA

ANTIGUA GRECIA, H. 450 A.C.

SALA 13
ARTE CICLÁDICO DE LA EDAD DE BRONCE
La cultura de las islas

Las Cícladas son un grupo de islas que forman un círculo en el mar Egeo (Cícladas significa «círculo»). A los habitantes de esta región les gustaba el arte: pintaron los primeros paisajes y son famosos por sus esculturas en mármol. Sus calles y edificios estaban llenos de brillantes pinturas murales, llamadas **frescos**, donde se podían ver plantas, animales e incluso criaturas imaginarias, como los grifos.

BARCOS NAVEGANDO
FRESCO DEL BARCO DE THERA (DETALLE), H. 1550 A.C.

Este fresco muestra un grupo de barcos. Muchas ciudades de la antigua Grecia se ubicaban cerca de la costa o en islas, por lo que la navegación era esencial. En la parte superior izquierda, varios ciervos huyen de un león, mientras a la derecha vemos delfines saltando cerca de los barcos. Esta pintura nos ayuda a conocer cómo eran las personas, los edificios y los barcos en la antigüedad.

LA CAPTURA DEL DÍA
PESCADOR, H. 1600-1500 A.C.

En este **fresco**, un muchacho sostiene dos grandes manojos de lampuga. El color azul de su cabeza muestra secciones afeitadas entre las dos franjas negras de pelo negro. En otros frescos de esta época se ven muchachos con este mismo peinado, que indica que han alcanzado la mayoría de edad.

👁 Ve a la página 160 para conocer otras culturas en las que la pesca era importante.

TORSOS TRIANGULARES
FIGURILLA FEMENINA, H. 2800-2300 A.C.

La mayoría de las figuras cicládicas muestran a mujeres con los brazos cruzados sobre el cuerpo. ¿Ves cómo la **forma** de la cabeza y el cuerpo es triangular? Esto es lo que se conoce como arte **abstracto** porque no parece realista. Los artistas que encontrarás en el Ala 3 se inspiraron en estos diseños.

👁 ¿Ves algún objeto en la sala 15 con forma triangular?

ARTE MINOICO Y MICÉNICO
Las primeras civilizaciones

SALA 14

La civilización minoica se asentó en la isla de Creta y recibe su nombre del mítico rey Minos. Los minoicos eran excelentes constructores y artistas. Por su parte, la civilización micénica surgió en la Grecia continental y posteriormente conquistó a los minoicos. Los micénicos hablaban una forma primitiva de griego. Ambas culturas existieron durante la Edad de Bronce y fabricaron objetos en oro y plata, y, por supuesto, en bronce.

¡QUE NO SE ROMPA!
COPA CON ASA, H. 1400 A. C.

CÁLIZ DE ORO
COPAS DE VAFEIO, H. 1475 A. C.

Una copa que se ha mantenido intacta durante siglos. Su forma era popular en Chipre, donde se encontró. Las decoraciones de toros y flores doradas están realizadas con una técnica llamada incrustación y son de estilo micénico.

Una de las dos copas de oro encontradas en una tumba cerca de Esparta. En sus relieves vemos a unos cazadores tratando de capturar un toro salvaje. La tumba pertenecía a un hombre micénico, pero las copas parecen ser de estilo minoico.

CUCHILLAS DECORATIVAS
DAGA CON INCRUSTACIONES, H. 1550-1500 A. C.

Al igual que la copa de arriba, esta daga tiene incrustaciones de plata y oro. En ella dos leones huyen hacia la derecha mientras uno ataca a un hombre caído en el suelo. A la izquierda, los cazadores utilizan sus escudos y lanzas para capturarlo. Se cree que la técnica de hacer dibujos con metal procede de Siria. Este tipo de dagas es testimonio de lo hábiles que eran los artistas de Creta.

Antigua Grecia 37

SALA 15 — CERÁMICA GRIEGA
Escuela de alfareros

Los antiguos griegos eran expertos alfareros. La forma de las piezas nos da pistas sobre cuál era su uso. Las vasijas utilizadas para almacenar alimentos tenían el cuello y la boca más estrechos que las que se empleaban para mezclar. Se solían decorar con escenas de la vida cotidiana o de historias mitológicas. Como la cerámica se conserva mucho tiempo, resulta muy útil para saber cómo se vivía en la antigua Grecia.

PATRONES EN ARCILLA
CRÁTERA DE HIRSCHFELD, H. 750 A. C.

En el periodo geométrico (h. 900-700 a. C.) los pintores utilizaban patrones y formas sencillas. Este tipo de vasijas no contenían nada y se utilizaban para identificar tumbas en un cementerio de la antigua Atenas. En ella vemos a personas de luto; algunas incluso se arrancan el cabello de tanto dolor.

👁 Busca otro tipo de jarrones en la página 111.

EL MUNDO EN ROJO
EUFRONIO Y EUXITEO, MUERTE DE SARPEDÓN, H. 515 A. C.

El estilo de esta vasija se llama de figuras rojas porque deja ver las imágenes sobre el fondo negro con el característico tono de la arcilla de Atenas. El cadáver de Sarpedón, hijo de Zeus, es llevado junto a su padre por los dioses del sueño y de la muerte.

UNA HISTORIA DE DOS CABEZAS
ARÍBALO JANIFORME, 510 A. C.

HAZ ZOOM

Una de las mitades de esta vasija muestra la cabeza de una persona etíope y la otra la de una mujer griega. La inscripción *kalos* del lateral significa «hermoso».

ARTE MÍTICO
Imaginando a los dioses

SALA 16

¿Te has preguntado alguna vez por qué cambian las estaciones o por qué las flores nacen en primavera? En la actualidad, la ciencia nos ofrece respuestas a estas preguntas, pero, en la antigua Grecia, eran los mitos los que servían para dar una explicación de lo que sucedía en la naturaleza. Estas historias de dioses, humanos y héroes se contaban a través de coloridos mosaicos, pinturas y esculturas.

EL MISTERIO DE LAS ESTACIONES
HADES Y PERSÉFONE, H. 340 A.C.

Este cuadro muestra a Hades, el dios del inframundo, con Perséfone, viajando juntos en un carro. Perséfone vivía una parte del año con Hades y la otra en la Tierra. En invierno, cuando ella estaba en el inframundo, su madre, la diosa del cereal, estaba triste y no permitía que las plantas crecieran hasta la llegada de la primavera, cuando Perséfone reaparecía. Así explicaban los griegos el cambio de las estaciones. Esta pintura se encuentra en el respaldo de un trono de mármol, hallado en la tumba de la reina Eurídice I de Macedonia.

¡QUÉ VALOR!
DIONISIO SOBRE UN LEOPARDO, H. 330-300 A.C.

Dionisio era el dios de la cosecha de la vid. A menudo se le muestra montando un leopardo o vistiendo su piel. Las imágenes de caza o de animales salvajes, como esta, eran símbolos de fuerza y valor. Este **mosaico** de suelo está hecho con miles de pequeñas piedrecillas, terracota (arcilla cocida) y plomo, fijadas con cemento.

HAZ ZOOM

Antigua Grecia

ESCULTURA GRIEGA
El triunfo de la forma

SALA 17

Los artistas griegos se convirtieron en verdaderos maestros a la hora de representar el cuerpo humano en esculturas. Al principio, las figuras parecían rígidas y no tenían mucho detalle, como el *Kroisos*. En la época helenística (323-27 a. C.), los artistas perfeccionaron su forma de mostrar el cuerpo y las emociones. Quizás pienses que las esculturas eran blancas, pero en realidad estaban pintadas con vivos colores.

DESCANSA EN PAZ
KROISOS, H. 530 A. C.

Un *kouros* es una escultura de un joven desnudo. Las esculturas de mujeres jóvenes iban siempre vestidas y se llaman *kore*. Este ejemplo era una lápida para Kroisos, un soldado fallecido en una batalla. Este tipo de estatuas estaban inspiradas en la escultura egipcia, pero los griegos les dieron más vida a sus primeras estatuas separando los brazos del cuerpo.

UN TESORO SUBMARINO
GUERRERO DE RIACE, H. 460-440 A. C.

Una de las dos famosas esculturas de guerreros de bronce que unos buzos hallaron en las costas de Italia. Una de las piernas está relajada, con la mayor parte de su peso sobre la otra. A esta postura se le llama *contrapposto*, y era una nueva forma de representar a las personas en una pose más natural. En su origen, el guerrero llevaba un casco y portaba un escudo y una lanza.

EXTIENDE LAS ALAS
VICTORIA DE SAMOTRACIA, H. 180 A. C.

Niké es la diosa de la victoria y se la reconoce por sus alas. Esta escultura estaba colocada en una fuente y su vestido, ceñido a la forma del cuerpo, parece pesado. A este estilo se le denomina de «paños mojados» porque su ropa parece empapada. Es una de las esculturas más célebres del mundo y existen muchas copias. Incluso hay un trofeo de un torneo de fútbol inspirado en ella.

FRUTO DEL AMOR

ALEJANDRO DE ANTIOQUÍA DEL MEANDRO, VENUS DE MILO, FINALES DEL SIGLO I A. C.

Con el paso de los siglos esta escultura de mármol ha perdido las joyas, la diadema e incluso los brazos. Los historiadores del arte creen que se trata de Afrodita, la diosa del amor, o de la diosa del mar Anfítrite. Los brazos que le faltan y todo lo que llevaba podrían darnos pistas de su verdadera identidad ya que los dioses suelen tener algo que nos dice quiénes son. Por ejemplo, Poseidón, dios del mar, siempre llevaba un tridente.

PADRES E HIJOS

AGESANDRO, ATENEDORO Y POLIDORO DE RODAS (ATRIBUIDO.), LAOOCONTE, COPIA DEL ORIGINAL DE 300-100 A. C.

Esta copia romana de una escultura griega muestra a Laooconte, un sacerdote troyano, y sus dos hijos. Laooconte trató de convencer a los troyanos de que no aceptaran un regalo de los griegos (el famoso caballo de Troya) porque sabía que era un engaño. La diosa Atenea (protectora de los astutos griegos) se enfadó y envió unas serpientes para que lo atacaran. Aquí se le ve retorciéndose de dolor.

SABÍAS QUE...

Esta escultura estuvo perdida durante más de mil años. Cuando se redescubrió, fue una gran inspiración para Miguel Ángel (pág. 121).

Antigua Grecia 41

GALERÍA E
Etruscos y antiguos romanos

Los antiguos romanos están entre los conquistadores más poderosos de la historia antigua y su imperio se extendía por partes de África, Europa y Asia.

Antes de que se fundara la República romana, en el año 509 a. C., en Italia existía un pueblo conocido como los etruscos. Vivían en Etruria, la zona central de la actual Italia y buena parte de lo que sabemos de ellos es gracias a su arte y a lo que otras civilizaciones dejaron escrito sobre ellos. Como no se han conservado ninguno de sus escritos, todo lo relacionado con los etruscos tiene un cierto aire de misterio. Afortunadamente, gran parte de su arte y de su cultura fue absorbida por los romanos, quienes gobernaron la región después de ellos.

El arte en tiempos de la República romana y del posterior Imperio romano se inspiró en las diferentes culturas de África, Asia, sur de Europa y, sobre todo, en los griegos. El arte romano incluye **arquitectura**, escultura, mosaicos, pintura y mucho más. Su ingeniosa receta para el hormigón les permitió construir enormes edificios, como el Coliseo de Roma, que todavía se puede ver.

Los romanos crearon un estilo que inspiraría a los artistas europeos durante siglos. ¡Descubre el mundo de los etruscos y el arte romano antiguo!

SALAS 18-23

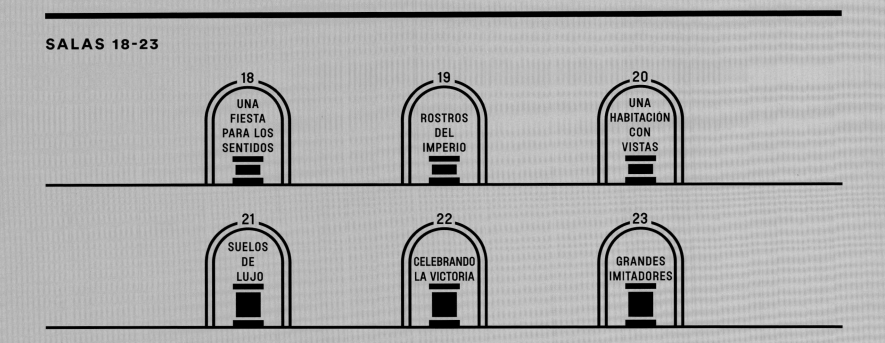

42 El mejor museo del mundo

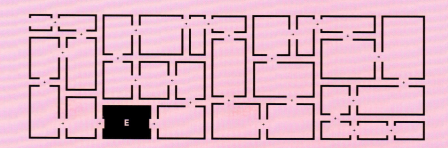

EL PODEROSO IMPERIO ROMANO

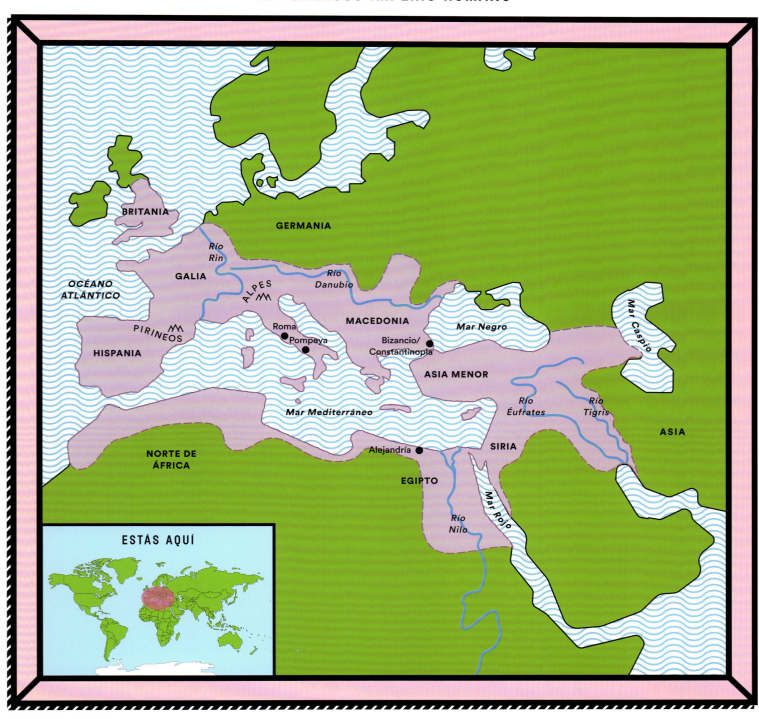

● EL IMPERIO ROMANO EN SU APOGEO, 117 D.C.

ARTE ETRUSCO
Una fiesta para los sentidos

Los etruscos fueron una poderosa civilización mediterránea. Eran expertos en el trabajo del bronce, la terracota, la piedra y el oro. Su arte incluye pinturas en tumbas y esculturas de bronce hechas para la vida en el más allá. El color y el dramatismo de sus cuadros se inspiran a menudo en el arte griego de modo que estas obras nos ayudan a imaginar cómo era las pinturas murales griegas.

GUARDIANES SALVAJES
TUMBA DE LOS LEOPARDOS, H. 475 A.C.

Los funerales eran muy importantes para los etruscos. Esta pintura mural se realizó para una tumba excavada en la roca en un gran cementerio en Tarquinia (Italia). Este cementerio contiene seis mil enterramientos y doscientas tumbas decoradas con frescos. En los de esta tumba vemos una celebración funeraria que incluye bailarines, músicos y un gran banquete. Si te fijas bien, podrás ver a un hombre ofreciendo un huevo a una mujer. El huevo simboliza la vida después de la muerte. Por encima de esta escena, los dos grandes leopardos que dan nombre a la tumba vigilan el banquete.

ESCULTURA ROMANA
Rostros del Imperio

SALA 19

Si fueses el nuevo gobernante de un imperio, ¿cómo se lo harías saber a todo el mundo? Los romanos lo hacían a través de grandes esculturas. Los artistas esculpían retratos de la cabeza del emperador (llamados **bustos**) y los enviaban por todo el imperio para que otros los copiaran. Estos retratos aparecían en espacios públicos, como mercados, plazas y jardines, para que todo el mundo supiera quién gobernaba y cuál era su aspecto.

EL PRIMER EMPERADOR ROMANO
AUGUSTO DE PRIMA PORTA, H. 20 A. C.

EL EMPERADOR COMO UN DIOS
CLAUDIO, H. 42-43 A. C.

César Augusto (63 a. C.-14 d. C.) fue el primer emperador romano. Aquí, Augusto aparece vestido como un gran líder militar. En la parte inferior de esta estatua de mármol de dos metros vemos a Cupido montado en un delfín. Esto se debe a que la familia del emperador decía descender de Venus, la madre de Cupido. Este tipo de esculturas se pintaban con colores muy vivos.

El cuarto emperador romano, Claudio (10 a. C.-54 d. C.), fue famoso por sus grandes logros, como la extensión del Imperio al norte de África y a la lejana isla de Bretaña. Esta enorme escultura de mármol muestra a Claudio como Júpiter, rey de los dioses romanos y dios del trueno. La pista nos la da el águila de la parte inferior, porque es el ave de Júpiter.

Etruscos y antiguos romanos

PINTURA MURAL
Una habitación con vistas

Nos suelen decir que no hay que pintar en las paredes, pero eso es exactamente lo que hacían los romanos. Los brillantes frescos servían para decorar el interior de las casas. Algunos mostraban columnas o escenas campestres; en otros se narraban historias de dioses o héroes. La pintura se aplicaba sobre el yeso todavía húmedo para que se secara a la vez de modo que podían durar cientos de años.

LA BELLEZA DE LA NATURALEZA
DORMITORIO, VILLA DE PUBLIUS FANNIUS SYNISTOR, 40-30 A.C.

Cuando el Vesubio entró en erupción en el año 79, la cercana ciudad de Pompeya desapareció por completo bajo rocas y cenizas, pero, curiosamente, fueron estas las que protegieron su arte. Cuando cientos de años después se descubrieron las ruinas, se encontraron excelentes obras de arte intactas, que nos muestran cómo vivían los romanos. Este dormitorio, por ejemplo, formaba parte de una villa situada a un kilómetro de Pompeya. Una vez limpio de cenizas, las pinturas murales mostraron una hermosa arquitectura y paisajes rocosos. Estos frescos servían a sus propietarios como recuerdo de los hermosos paisajes del exterior.

MOSAICOS
Suelos de lujo

SALA 21

Imagínate que entras en un edificio, ¿dónde buscarías obras de arte? En la antigua Roma, podrías empezar por el suelo ya que muchos edificios estaban decorados con detallados dibujos elaborados con cientos de miles de pequeñas baldosas. Son los llamados mosaicos. Los artistas utilizaban azulejos de diferentes colores para que las imágenes tuvieran tanto detalle como una pintura.

DESPUÉS DE LA FIESTA
SUELO SIN BARRER, PRINCIPIOS DEL AÑO 200 D.C.

Este mosaico muestra cómo ha quedado el suelo de un comedor después de un gran festín: uvas, huesos, conchas e incluso patas de aves forman parte de este diseño. ¿A que algunos objetos parecen muy reales? El artista ha añadido sombras en cada pieza, como si la luz les diera desde arriba, ¡qué detalle tan bien pensado!

SABÍAS QUE…

Algunas casas tenían un mosaico con la inscripción latina *cave canem*, que significa «cuidado con el perro».

Etruscos y antiguos romanos 47

COLUMNAS
Celebrando la victoria

SALA 22

A muchas personas les gusta celebrar sus éxitos. Hoy en día podríamos hacer una fiesta, pero los antiguos romanos preferían algo más duradero. Después de ganar una dura batalla o una guerra, a veces construían una columna como símbolo de la victoria. Solían tener una estatua del gobernante en la parte superior y algunas, como la de Trajano, presentaban relieves tallados en los laterales.

¡AL ATAQUE!

ESCENA DE UNA PROFECTIO, COLUMNA DE TRAJANO, 113 D. C.

Para celebrar la conquista de la Dacia (actual Rumanía), Trajano, emperador entre 98 y 117 d. C. mandó construir esta columna. Se colocó en el llamado foro de Trajano. Las imágenes muestran al ejército romano construyendo fortalezas, recogiendo suministros y luchando. En la parte superior había una escultura de Trajano, pero se retiró posteriormente. Tiene casi treinta metros de altura y está formada por veinte piezas de mármol huecas. Una escalera de caracol en su interior permitía a los visitantes subir a una plataforma en la parte superior. Cuando Trajano murió, sus cenizas se guardaron en un compartimento en la base de la columna. Los relieves se pueden leer como una historia en espiral que va de abajo a arriba.

👁 ¿Qué otro rey celebra su victoria con una escultura? Ve a la página 31.

ESCULTURA ROMANA
¡Grandes imitadores!

SALA 23

Si quieres saber más sobre la escultura griega, el mejor lugar para buscar es la antigua Roma. Los romanos eran grandes admiradores de los griegos (tanto que los copiaban con frecuencia). También adoptaron a sus dioses, como Afrodita, a la que llamaron Venus. Decoraban sus casas y espacios públicos con esculturas de inspiración griega. Las estatuas podían ser de dioses y héroes o de nobles y familiares importantes.

ROSTROS ATENTOS
HOMBRE CON CABEZAS DE RETRATOS, PRINCIPIOS DEL SIGLO II D. C.

UN BAÑO TEMPRANO
VENUS CAPITOLINA, H. SIGLO III D. C.

En esta escultura vemos a un hombre con los **bustos** de dos de sus antepasados. Los romanos a veces portaban bustos de cera o yeso de los muertos durante las procesiones funerarias. También se solían guardar en las casas. Los jóvenes romanos se lo habrían pensado dos veces antes de ser traviesos bajo la severa mirada de sus antepasados.

La diosa Venus junto a un jarrón que utiliza para bañarse. La tela que lo cubre es una pista de que se trata de una copia de una escultura griega. ¡Observa cómo la figura se apoya en ella! Las copias romanas, hechas de mármol, necesitan más apoyo que las estatuas originales de bronce realizadas por los griegos.

GALERÍA F
El mundo bizantino

Los historiadores los llaman bizantinos, pero ellos se consideraban romanos. ¿Por qué? Porque el Imperio romano se había dividido en dos y los bizantinos eran los que vivían en la mitad oriental. Fue una época de muchos cambios, ¡incluidos nuevos estilos artísticos!

Cuando en el año 330 Constantino el Grande se convirtió en emperador del Imperio romano, trasladó la capital de Roma a Bizancio (la actual Estambul). De aquí proviene el nombre de bizantino, aunque Constantino cambió el nombre de la ciudad a Constantinopla. Fue el primer emperador romano que se convirtió al cristianismo, una religión que cree que Jesucristo es el hijo de Dios. Desde entonces casi todos los emperadores fueron cristianos y muchos seguidores de otras religiones también se convirtieron.

Con la llegada de una nueva fe, el arte también cambió. Se construyeron grandes iglesias y se decoraron con un arte muy elaborado. Al explorar esta galería, verás libros, pinturas, esculturas y mosaicos hechos con nuevos estilos. Incluso después de la desaparición del imperio, los artistas de toda Europa siguieron realizando obras inspiradas en el estilo bizantino. ¿Echamos un vistazo?

SALAS 24-27

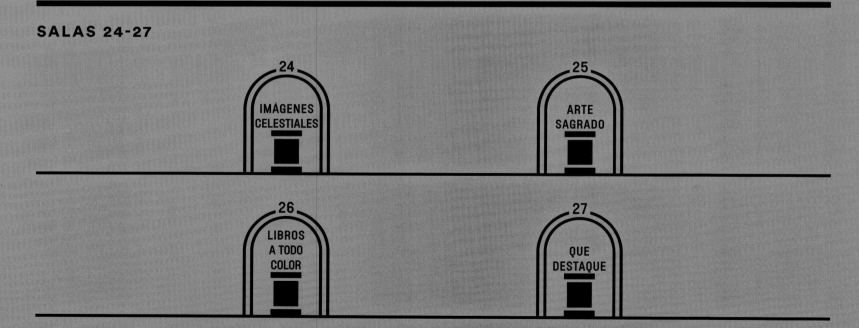

24 IMÁGENES CELESTIALES
25 ARTE SAGRADO
26 LIBROS A TODO COLOR
27 QUE DESTAQUE

50 El mejor museo del mundo

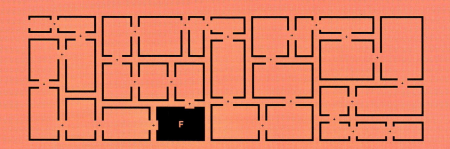

BIZANCIO: EL PODER DEL IMPERIO ROMANO DE ORIENTE

---- EL IMPERIO BIZANTINO EN SU APOGEO

El mundo bizantino

MOSAICOS BIZANTINOS
Imágenes celestiales

En el interior de las primeras grandes iglesias cristianas había coloridos mosaicos. Su aspecto era similar al de los antiguos mosaicos romanos, pero los bizantinos crearon escenas donde aparecían figuras sobre brillantes fondos dorados. Las imágenes de santos ayudaban a la gente a conectar con el mundo espiritual y las de los gobernantes eran testimonio de que apoyaban a la iglesia.

¿QUIÉN MANDA AQUÍ?
EL EMPERADOR JUSTINIANO Y SU CORTE, 547-549 D.C.

Justiniano I el Grande, apoyó la construcción de muchas obras nuevas, lo que permitió que el arte y la arquitectura florecieran durante su reinado. Este mosaico de la iglesia de San Vitale en Rávena (Italia) muestra a Justiniano en el centro de un grupo de administradores y funcionarios eclesiásticos. La imagen está llena de **simbolismo**: él lleva una corona y una túnica púrpura, símbolos de la realeza, y sostiene un pan, que es el alimento que se ofrece en el ritual de la comunión. En el extremo izquierdo, un soldado porta un escudo con una «P» y una «X» superpuestas (símbolo conocido como crismón) que representa a Cristo y al cristianismo.

ICONOS
Arte sagrado

SALA 25

El arte bizantino tiene muchas imágenes de Cristo y otras figuras cristianas. Son los llamamos «iconos». Los artistas crearon estas imágenes para colocarlas en el interior de las iglesias, edificios públicos y hogares.

Los cristianos rezaban delante de ellas y se consideraban objetos sagrados. Hubo un tiempo, en el siglo IX, en el que la gente temía que Dios se enfadara con ellos por adorar objetos y muchos fueron destruidos.

PROTECTOR CELESTIAL
ICONO DEL ARCÁNGEL MIGUEL, SIGLO XII D. C.

Este icono de oro y esmalte muestra al arcángel Miguel custodiando las puertas del cielo con una espada. Los márgenes están decorados con imágenes más pequeñas de santos y piedras preciosas. Justo encima del ángel hay una imagen de Cristo. Las capas de esmalte logran crear zonas tridimensionales, como las alas y las piernas.

EL TODOPODEROSO
CRISTO PANTOCRÁTOR, SIGLO VI D. C.

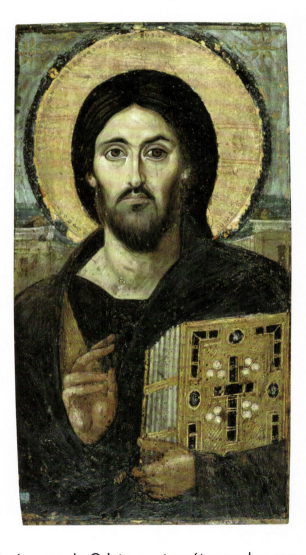

Las imágenes de Cristo pantocrátor suelen mostrarlo con la Biblia en la mano izquierda, un aro luminoso alrededor de la cabeza y la mano derecha en señal de bendición. Pantocrátor significa «todopoderoso» y este es uno de los primeros ejemplos de este estilo y uno de los iconos bizantinos más antiguos que se conservan.

El mundo bizantino

SALA 26

MANUSCRITOS ILUMINADOS
Libros a todo color

Un manuscrito iluminado es como un libro ilustrado lleno de coloridas imágenes. Decimos que un libro está «iluminado» cuando las páginas están decoradas con imágenes o letras bonitas, dibujadas y escritas a mano y ¡únicas! Los artistas que trabajaban en los monasterios escribían sobre historia y religión y luego decoraban sus textos con dibujos, imágenes e incluso oro.

¡GRANDES SERMONES!

ESCENAS DEL ANTIGUO TESTAMENTO, SERMONES DE SAN GREGORIO, H. 879-883 D. C.

Estas ilustraciones pertenecen a un libro que contiene los sermones de san Gregorio Magno. Esta página muestra tres escenas del Antiguo Testamento, la primera parte de la Biblia cristiana. En la imagen superior vemos a Abraham a punto de sacrificar a su hijo Isaac antes de ser detenido por un ángel. En la del centro está el hijo de Isaac, Jacob, teniendo una visión en sueños. La escena inferior muestra al profeta Samuel mientras bendice a David, rey de Israel, el mismo David que derrotó al gigante Goliat. Que los textos cristianos más relevantes se decorasen con tanto detalle y esmero indica lo apreciados que eran, incluso por gente que no sabía leer. En las ceremonias importantes no era raro ver al emperador sosteniendo en sus manos uno de estos libros.

? SABÍAS QUE…

Estos libros llevan mucho trabajo. Las páginas se hacían con piel de animal, se cortaban y se marcaban con líneas para que el texto quedase recto. Los artistas decoraban las páginas antes de coserlas para formar un libro.

ESCULTURAS EN RELIEVE
Que destaque

SALA 27

A los bizantinos les gustaban los relieves y los pequeños objetos tallados en marfil, un material que por desgracia para los elefantes se obtiene de sus colmillos. Estos se cortaban longitudinalmente para hacer paneles o transversalmente para hacer pequeñas esculturas o construir cajas. Preferían tallar relieves en lugar de esculturas y los solían pintar con colores brillantes, de manera que los hacían resaltar aún más.

UN ANUNCIO ESPECIAL
LA ANUNCIACIÓN, FINALES DEL SIGLO VIII O PRINCIPIOS DEL IX

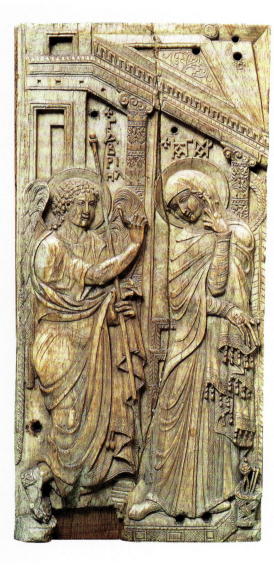

Este panel muestra al ángel Gabriel visitando a la Virgen María para anunciarle que será madre de Jesús, el hijo de Dios. Las columnas y las puertas del fondo están talladas con diferentes profundidades y texturas, para dar la sensación de profundidad en una superficie pequeña y plana.

LA GRAN CACERÍA
DÍPTICO CON ESCENA DE CAZA, PRINCIPIOS DEL SIGLO VI

En la parte superior de este panel vemos a tres hombres sentados en un estrado viendo una cacería de ciervos. Abajo, los cazadores persiguen a los animales. Este es uno de los dos paneles de un **díptico**: dos cuadros o paneles que forman parte de una misma obra.

El mundo bizantino

GALERÍA G
El mundo islámico

Las matemáticas, la religión y el arte se unen en esta galería. Podemos encontrar arte primitivo islámico en el norte de África, en España, India y en todos los países de Oriente Próximo. Este arte incluye coloridos mosaicos, fascinantes patrones geométricos y una arquitectura majestuosa.

El Islam creció a través de las redes comerciales y de la mano de nuevos imperios. En esta galería encontrarás temas comunes a todo el mundo islámico primitivo.

Parte del arte de esta galería es religioso, pero no todo, ya que no todos los artistas eran musulmanes (seguidores de la religión islámica). La palabra «islam» proviene del árabe y significa «paz» y el nombre musulmán de Dios es Alá.

El Islam comenzó con el profeta Mahoma en La Meca (la actual Meca, Arabia Saudí) hacia el año 610. Alá le habló a Mahoma a través del arcángel Gabriel y Mahoma escribió lo que le dijo. Este escrito se convirtió en el libro sagrado del Islam, el Corán. En las siguientes salas, descubrirás cómo los artistas han utilizado los motivos decorativos y la escritura del Corán para realizar obras de arte impresionantes.

SALAS 28-30

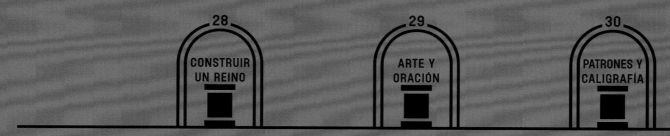

56 El mejor museo del mundo

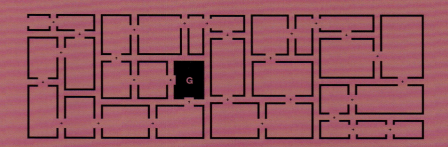

EL MUNDO ISLÁMICO PRIMITIVO: LAS PRIMERAS DINASTÍAS

● EL MUNDO ISLÁMICO, 750 D. C.

El mundo islámico 57

SALA 28

LA PRIMERA DINASTÍA
Construir un reino

Una dinastía es una familia o grupo que gobierna durante un periodo de tiempo. La primera dinastía del mundo islámico comenzó en el año 661 con los omeyas. Y, en menos de diez años, convirtieron su imperio en el mayor del mundo. Crearon importantes obras, como palacios en el desierto con impresionantes mosaicos. Estos palacios siguen en pie y son tan espléndidos como lo eran hace mil años.

EQUILIBRIO DE PODER
MOSAICO DE UNA SALA DE AUDIENCIAS, H. 740 D.C.

Una sala de audiencias es donde los gobernantes reciben a sus invitados o celebran ceremonias.

Este mosaico se encontró en un palacio omeya del desierto palestino; en él hay tres gacelas y un león.

ARQUITECTURA DE MEZQUITAS
Arte y oración

SALA 29

Los musulmanes rezan, estudian y se reúnen en las mezquitas. Algunas son edificios realmente impresionantes, están decorados minuciosamente e incluyen diferentes áreas. En las altas torres, llamadas minaretes, se anuncia la llamada a la oración cinco veces al día. Cuando los musulmanes rezan, miran hacia La Meca, donde nació el profeta Mahoma. Un nicho en la pared llamado mihrab les indica hacia dónde mirar.

BRÚJULA DE COLORES
MIHRAB, GRAN MEZQUITA DE CÓRDOBA, 961-976 D.C.

Este mihrab de azulejos se encuentra en la Gran Mezquita de Córdoba (España), ciudad que fue capital de la dinastía omeya. Un año después de convertirse en califa (gobernante), Al-Hakam II hizo construir este mihrab. El resto de mihrabs de esta mezquita son más bien pequeños, pero este tiene el tamaño de una habitación.

LECCIONES DE LUZ
VENTANA DE UNA MEZQUITA, 1125

Esta ventana forma parte de la mezquita de Al-Aqmar («luz de la luna») de El Cairo. En ella se aprecia una lámpara colgante (que representa a la Tierra) y una estrella (el cielo). Podría ser una forma de visualizar un verso del Corán que describe a Dios como «luz de los cielos y la tierra».

? SABÍAS QUE…

Se cree que el diseño de las primeras mezquitas se inspiró en la casa del profeta Mahoma en Medina.

El mundo islámico 59

SALA 30 — DISEÑOS DEL MUNDO ISLÁMICO
Patrones y caligrafía

Los artistas islámicos utilizaban la escritura para decorar edificios y diversos objetos. Los diseños florales superpuestos y los patrones **geométricos** de diferentes formas son los más habituales. El arte religioso también utilizaba a veces la caligrafía (escritura decorativa). Los dos estilos principales de escritura son el cúfico (el más antiguo, con líneas gruesas y rectas) y el *naskh*, más curvo, que se muestra aquí.

PODEROSO METAL
MOHAMMAD IBN AL-ZAYN, BAPTISTERIO DE SAN LUIS, H. 1320-1340

¡Este cuenco de latón martillado está lleno de acción! Hay jinetes cazando osos, un unicornio persiguiendo a un elefante, un caballero matando a un dragón y mucho más. Se desconoce su finalidad original, pero años después se utilizó para bautizar a los niños de la realeza francesa. Fue fabricado por el taller de Muhammad ibn al-Zayn, un artesano de la dinastía mameluca de la actual Siria y Egipto.

👁 Verás otro caballero matando a un dragón en la página 118

HAZ ZOOM

PERFECTO PARA UN SULTÁN

ALI IBN MUHAMMAD AL-ASHRAFI Y IBRAHIM AL-AMIDI, PÁGINAS DEL CORÁN, 1372

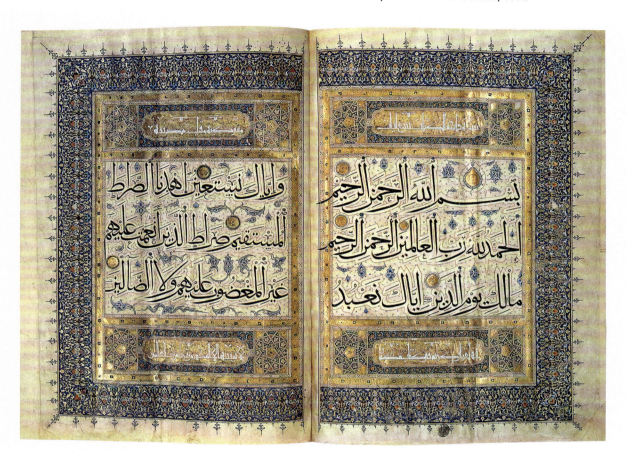

Este Corán se hizo para un sultán llamado Barsbay. Los coloridos diseños de sus márgenes mezclan motivos muy frecuentes en el arte islámico con diseños chinos de flores de loto. Es una prueba de que el comercio con lugares remotos, como China, inspiró a los artistas a probar nuevos estilos.

LUZ PARA LOS MUERTOS

LÁMPARA DE MEZQUITA, H. 1285

Las lámparas de cristal llenas de aceite colgaban del techo para dar luz. El texto nos dice que esta lámpara era para la tumba de Aydakin ibn 'abd Allah. Durante su vida, fue arquero del gobernante; por eso aparecen dos ballestas doradas sobre un escudo rojo.

HAZ ZOOM

El mundo islámico 61

GALERÍA H
Europa medieval

Hay quien define la Alta Edad Media como un periodo oscuro, pero no creas lo que te dicen. Una época oscura no suele tener muchos inventos ni textos escritos o arte. Y, como descubrirás en esta galería, ¡hubo muchas de estas cosas!

En Europa, el periodo medieval duró, aproximadamente, desde el siglo v hasta el xiii. Fueron años de cambios e invasiones. Tribus como los vándalos, los anglosajones y los godos recorrieron toda Europa. Los hunos llegaron de Asia Central y, más tarde, los vikingos navegaron desde el gélido norte para hacer sus propias conquistas. Y todo esto se puede ver en el arte de la época.

A partir del año 800, durante el reinado de Carlomagno, la vida en Europa occidental y central comenzó a asentarse. Este rey se convirtió en emperador del Sacro Imperio Romano Germánico, que se extendía por gran parte de Europa. Durante estos siglos el cristianismo se fue extendiendo. En los monasterios los monjes pintaban textos religiosos y perfeccionaron la escritura de libros y en las ciudades se construyeron enormes catedrales con impresionantes esculturas. El colorido estilo románico surgió hacia el 950 y el gótico lo hizo a partir de 1150.

Es hora de abrir la puerta al sorprendente arte de la Europa medieval.

SALAS 31-36

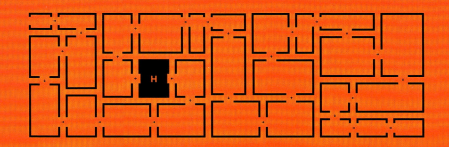

EUROPA MEDIEVAL: NUEVAS NACIONES

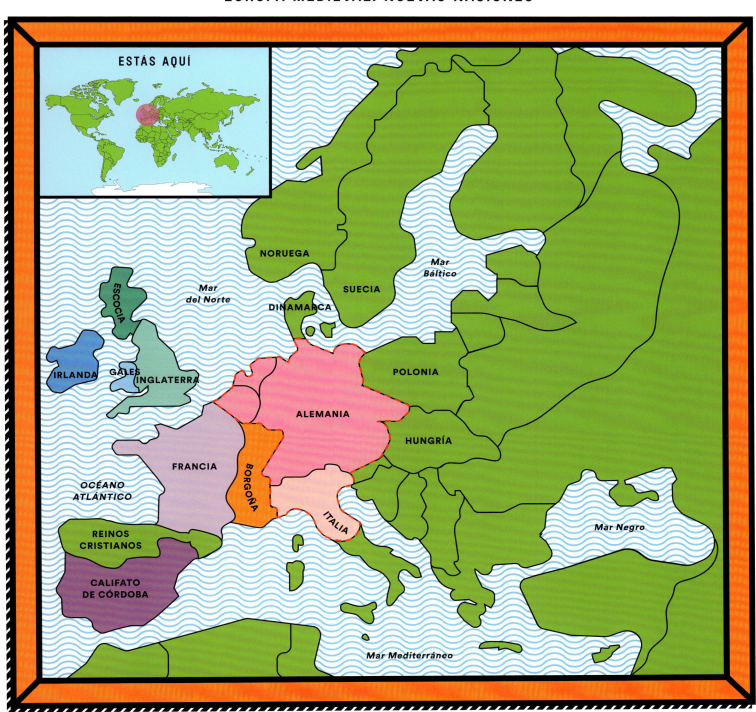

- - - - SACRO IMPERIO ROMANO GERMÁNICO

ANGLOS Y SAJONES
Invasores del norte

SALA 31

Los anglos y los sajones llegaron desde la actual Alemania a Gran Bretaña hacia el 400. Hoy nos referimos a ellos como anglo-sajones. Alguno de los ejemplos más sorprendentes del arte de estos pueblos procede de un barco enterrado en Sutton Hoo (Inglaterra). La nave era una tumba para una persona importante, posiblemente el rey Redwald de Anglia Oriental, que murió alrededor del año 624.

¡AQUÍ HAY DRAGONES!
CASCO CEREMONIAL, H. 600-650 D.C.

Aunque este casco de metal estuvo enterrado en una tumba durante más de mil trescientos años, ¡todavía se pueden apreciar los detalles del diseño de la cara! Las cejas, la nariz y el bigote se unen formando la imagen de un dragón. También se pueden distinguir las puntas doradas con forma de cabeza de jabalí que salen de los extremos de sus alas.

SABÍAS QUE...
La madera con la que se construyó el barco enterrado en Sutton Hoo se pudrió hace siglos, de manera que solo quedó un hueco con forma de barco lleno de tesoros.

CINTURONES DE LUJO
HEBILLA DE ORO, H. 580-620 D.C.

Como cualquiera de nosotros, los anglosajones también necesitaban algo para sujetar los pantalones. Esta hebilla dorada está cubierta de formas entrelazadas de serpientes, pájaros y animales ocultos. Los tesoros del yacimiento de Sutton Hoo muestran el gusto de los anglosajones por los objetos fabricados con materiales caros.

VIKINGOS
Marineros y asaltantes

SALA 32

Los vikingos eran conocidos por ser excelentes marineros. Vivían en Escandinavia (las actuales Dinamarca, Noruega y Suecia) pero viajaban a otras tierras y asaltaban los pueblos. Gran parte del arte vikingo que se conserva se hizo con materiales duraderos, como la piedra y el metal. En su arte abundan los diseños de patrones entrelazados o imágenes de animales, como serpientes, caballos y criaturas fantásticas.

MUJERES PODEROSAS
PIEDRA DE STORA HAMMARS, H. 750 D.C.

La piedra de Stora Hammars (Suecia) es un buen ejemplo de arte narrativo. Pertenece a un grupo de cuatro estelas colocadas al aire libre que narran historias de la mitología escandinava. Aquí vemos un barco, una valquiria y un sacrificio. En su mitología, las valquirias eran mujeres poderosas que decidían quién vivía y quién moría en la batalla. Hilda, la valquiria de esta escena, tenía el poder de resucitar a los guerreros muertos.

¡QUE ME PARTA UN RAYO!
VELETA DE HEGGEN, H. SIGLO XI

Si vas a salir a navegar, quizás necesites una veleta de cobre como esta para saber en qué dirección sopla el viento. Los vikingos llevaban en sus barcos muchos objetos útiles como este, decorado con plantas y un dragón, una criatura mitológica muy popular. El diseño es de estilo Ringerike y recibe este nombre en honor a una zona de Noruega. Los agujeros de los bordes sostenían serpentinas o cintas que sonaban y se movían con el viento.

HAZ ZOOM

Europa medieval

RELIQUIAS CRISTIANAS
¡Santo cielo!

SALA 33

Cuando un objeto es muy especial, conviene guardarlo en un lugar seguro. Durante la época medieval, la Iglesia cristiana empezó a guardar sus posesiones e incluso partes del cuerpo de personas importantes, como santos y papas, en recipientes llamados relicarios o sagrarios. La gente creía que estos restos, llamados **reliquias**, tenían poderes sobrenaturales. A veces, la forma del relicario nos da pistas de lo que contiene.

¡DEFIENDE TUS CREENCIAS!
RELICARIO DE SANTA FE, H. 950 D.C.

Santa Fe fue una joven cristiana que se negaba a realizar ofrendas a los dioses romanos, porque los cristianos no debían adorarlos. El cráneo de la santa se encuentra en la cabeza de este relicario que se construyó partiendo de un antiguo casco de desfile romano del siglo V. Los visitantes que acudían a verlo en Francia donaban gemas y oro, que se fueron añadiendo al relicario. A finales siglo X se le colocó una corona y, en el XIX, se le añadieron los pies.

UN TOQUE DE ORO
RELICARIO DE LA SANDALIA DE SAN ANDRÉS, 977-993 D.C.

¿Adivinas qué hay en esta caja rematada con un pie de oro? Se dice que este sagrario de Alemania guarda los restos de una de las sandalias de san Andrés, apóstol de Cristo. Mide 44 cm de largo para que los obispos y reyes pudieran llevarlo fácilmente. Se creía que las reliquias tenían poderes, sobre todo si habían estado en contacto con un santo y algunas incluso se llevaban a la batalla para dar suerte.

LIBRO DE KELLS
Páginas sorprendentes

SALA 34

El *Libro de Kells* es uno de los manuscritos iluminados más famosos. Este grueso volumen contiene los cuatro libros del Nuevo Testamento, los Evangelios, que cuentan la historia de la vida de Jesucristo, un total de 680 páginas con texto e imágenes dibujadas a mano. El libro tiene columnas de texto bien alineadas, así como coloridos diseños que ocupan toda la página. ¡Solo hay dos páginas sin ilustrar!

LA IMAGEN DE LOS SANTOS
SAN MATEO, LIBRO DE KELLS, H. 800 D.C.

¿Puedes descubrir los animales ocultos en esta página? Mira a ambos lados de san Mateo, que sostiene su evangelio en el centro. En este caso los animales tienen un significado especial. Por ejemplo, la imagen del pavo real se considera un símbolo de Cristo. Hay un pequeño toro a un lado de su trono, que es un símbolo de san Lucas. En el otro lado está el símbolo de san Juan, un águila. El Libro de Kells se conservó en la Abadía de Kells (Irlanda), hasta su destrucción en 1641.

? SABÍAS QUE...

El *Libro de Kells* fue realizado por tres artistas y cuatro escribas, todos ellos monjes. Uno de ellos era capaz de hacer ilustraciones con tanto detalle que necesitarías una lupa para apreciar su obra.

Europa medieval

ROMÁNICO
Piensa como un romano

SALA 35

El colorido estilo románico apareció alrededor del año 950, más de quinientos años después de la caída del Imperio romano de Occidente. Recibe su nombre del **arte clásico** romano y bizantino en el que se inspira. Sus obras incluyen brillantes pinturas murales y tapices que se encuentran en las grandes iglesias. El arte de esta época suele incluir los colores primarios rojo, azul y amarillo.

PALOS Y PIEDRAS
LA LAPIDACIÓN DE SAN ESTEBAN, H. 1160

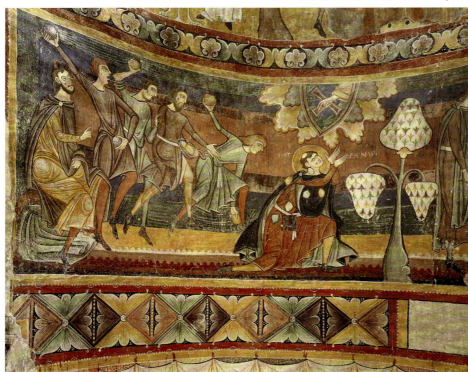

Esteban fue uno de los primeros cristianos y murió apedreado por una multitud que no creía en el cristianismo. Más tarde se le hizo santo por defender sus creencias. Suele aparecer rodeado de piedras. Este tipo de pinturas se realizaba a mano en las paredes de las iglesias románicas.

HAZ ZOOM

¡LA BATALLA POR INGLATERRA!
TAPIZ DE BAYEUX, H. 1066-1082, NORMANDÍA

El tapiz de Bayeux (Francia), es casi tan largo como tres pistas de tenis juntas. Narra la batalla de Hastings (Inglaterra), en la que los normandos franceses conquistaron Inglaterra. El **tapiz** es como un cómic que nos va contando la batalla a medida que avanzamos. Se trata de una pieza de bordado llena de detalles y cuyo diseño con lana de colores es muy ingenioso. En total, aparecen 626 personas y 202 caballos.

GÓTICO
Esplendor gótico

SALA 36

El arte gótico se desarrolló a partir del románico. La arquitectura es fácil de reconocer por sus arcos apuntados y sus enormes vidrieras. Las iglesias góticas también se decoraban con esculturas que se colocaban por todo el edificio, como gárgolas de piedra a lo largo de los canalones. Las pinturas tienen mucho detalle y las figuras son más realistas que en los estilos precedentes.

ESCULTURAS POR TODAS PARTES

PÓRTICO REAL, CATEDRAL DE CHARTRES, H. 1145-1155

Majestuosos relieves rodean la entrada de la catedral de Chartres (Francia), y pueblan sus columnas y portales. Tan solo en la fachada occidental se pueden contar hasta dos mil piezas. Aquí, en el pórtico, vemos a Cristo en el centro del espacio que forma el arco apuntado sobre la puerta. La fila de figuras debajo de Cristo son los doce apóstoles y las tallas de las columnas junto a la puerta son personajes del Antiguo Testamento.

UN CALENDARIO DE COLORES

PAUL, HERMAN Y JEAN LIMBOURG, LAS MUY RICAS HORAS, H. 1411/1413-1416

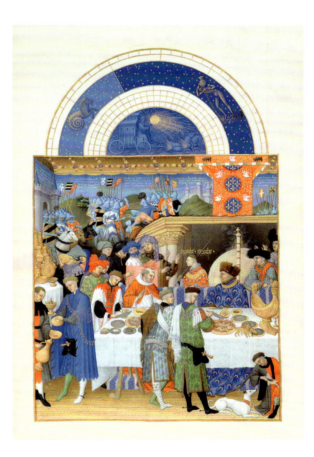

Esta página pertenece a un libro de horas, libros muy populares en la época y que contenían un calendario, oraciones y textos bíblicos. Muchas de estas páginas estaban llenas de coloridas ilustraciones como la de esta imagen de una fiesta de Año Nuevo. Los dibujos de estrellas de la parte superior representan los signos del zodiaco del mes de enero, Capricornio y Acuario. Las pinturas de este libro sirvieron de inspiración para los diseños de obras como *La Bella Durmiente* de Disney.

GALERÍA I

Asia oriental

Asia oriental está formada por China, Corea y Japón. En esta región aparecieron inventos como el papel, la seda, la porcelana y el grabado en madera. Los artistas de todo el mundo siguen utilizando las técnicas perfeccionadas hace cientos de años en Asia oriental.

El arte encontrado en las antiguas tumbas de Asia oriental nos dice mucho sobre la vida de los primeros habitantes de la región. Algunas obras eran pequeñas, como las esculturas de guardianes de Japón, pero otras eran enormes, como las de los guerreros de terracota que vigilan la tumba del primer emperador de China.

Verás arte religioso, como el budista en China y Corea y el de la religión nativa de Japón, el sintoísmo.

Los historiadores suelen catalogar las obras de arte según las dinastías (familias gobernantes) que gobernaban en el momento de su creación y cada una tenía sus propias preferencias en cuanto a estilos artísticos.

Continúa para ver el intercambio de ideas que se produjo entre estas culturas de Asia oriental a la vez que creaban obras absolutamente únicas.

SALAS 37-46

37 CHINA EN LA EDAD DEL BRONCE
38 MAESTROS DE LA PIEDRA PRECIOSA
39 RIQUEZAS PARA LA ETERNIDAD
40 UN EJÉRCITO ENTERRADO
41 TINTA SOBRE SEDA
42 UNA ALEGRE MUERTE
43 CELEBRAR EL CAMBIO
44 REINOS DE CERÁMICA
45 ISLAS ANTIGUAS
46 EL ESPÍRITU DEL ARTE

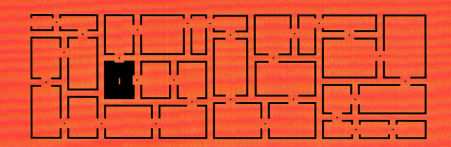

LA ANTIGUA CHINA, COREA Y JAPÓN

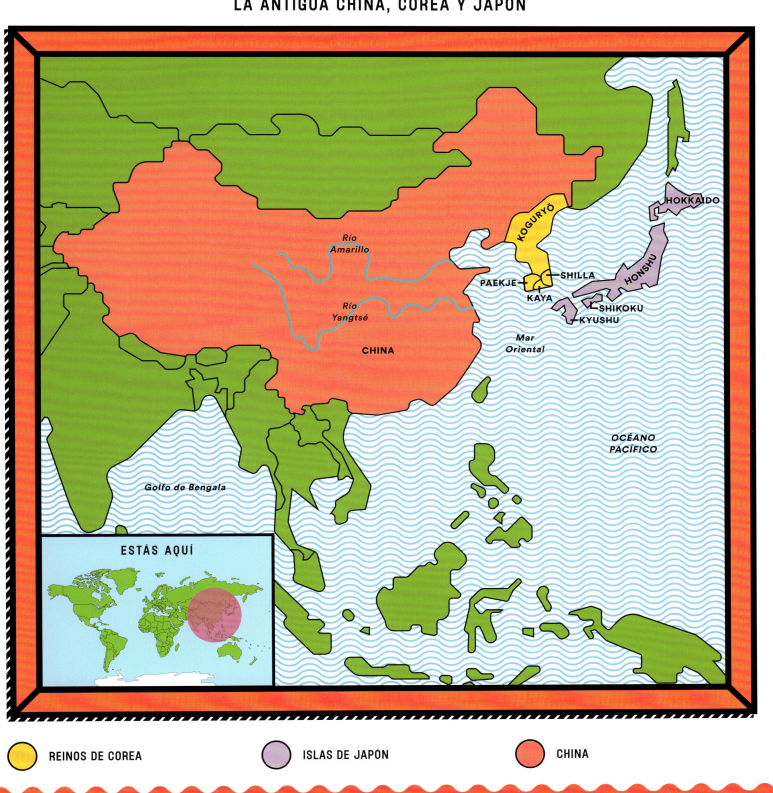

● REINOS DE COREA ● ISLAS DE JAPÓN ● CHINA

Asia oriental

BRONCE RITUAL

China en la Edad del Bronce

SALA 37

Shang fue la primera dinastía china. Se estableció en los márgenes del río Amarillo, en el norte de China y reinó desde el 1600 hasta el 1046 a. C. Aprendieron a extraer cobre y estaño para fabricar objetos de bronce y por eso a esta época se la conoce como Edad del Bronce china. Creían en un dios supremo llamado Shangdi y empleaban los objetos de bronce que fabricaban para honrar a sus antepasados y tener buena suerte.

ROSTROS OCULTOS

DING, DINASTÍA SHANG, H. 1384-1050 A.C.

¿Puede ver una cara en esta imagen? Muchos calderos *ding* tienen rostros de unas antiguas criaturas llamadas *taotie*. Estos utensilios servían para cocinar y para realizar ofrendas y a través de ellos se podía hablar con los espíritus de los antepasados y ofrecerles comida y bebida.

👁 Verás más caras ocultas en las páginas 64 y 90.

UN DRAGÓN PARA BEBER

FANG HU, DINASTÍA ZHOU, H. SIGLO VI A.C.

Un *hu* es un recipiente para vino que se podía colocar en una tumba o utilizarse en rituales. *Fang* significa «cuadrado», por lo que un *fang hu*, como este, es un recipiente de vino de forma cuadrada. Las asas y los pies son dragones. Se pensaba que los dragones tenían el poder de controlar la lluvia por lo que los campesinos los veneraban con la esperanza de atraer lluvias para sus cultivos.

JADE CHINO
Maestros de la piedra preciosa

SALA 38

El jade es una piedra dura que se utilizaba para fabricar joyas, recipientes y objetos religiosos. Las piezas se conservaban durante mucho tiempo, pero también era muy difícil tallarlas ya que el artista tenía que perforar y pulir la piedra muchas veces. Era una piedra muy apreciada por los antiguos chinos. Suele ser de color verde brillante, pero también naranja, rosa, marrón y morado.

EL CERDO-DRAGÓN
COLGANTE DE DRAGÓN ENROSCADO, CULTURA HONGSHAN, H. 4700-2900 A.C.

CIELO Y TIERRA
CONG, H. 2500 A.C.

En la cultura Hongshan, se solía enterrar a los muertos con estos pequeños objetos de jade. A veces se les llama dragones-cerdos porque su cabeza se parece a la de un cerdo. Esta es la forma más antigua de los diseños de dragones chinos.

👁 Los dragones inspiraron el arte en muchas culturas. Ve a las páginas 22, 60, 64, 65, 118.

La finalidad de un *cong* (tubo) sigue siendo un misterio. Si lo observamos desde la parte superior, parece un tubo colocado sobre un cuadrado. La forma del círculo representa el cielo y el cuadrado la Tierra. El exterior de este *cong* tiene un diseño de cara de *taotie*, una antigua criatura mitológica china y perteneció a la cultura Liangzhu.

SALA 39

OBJETOS PARA EL MÁS ALLÁ

Riquezas para la eternidad

Las personas adineradas llevaban una vida cómoda en la época de la dinastía Han (206 a. C.-220 d. C.) en China ¡y no estaban dispuestas a que eso se acabara al morir! Querían llevarse a la otra vida sus tierras, sus sirvientes y sus pertenencias. Las cerámicas encontradas en las tumbas de los periodos Han y Tang (618-907 d. C.) nos muestran lo que la gente consideraba importante para pasar a la otra vida.

UNA LUJOSA VIDA DESPUÉS DE LA MUERTE

ESTANDARTE FUNERARIO, MEDIADOS DEL SIGLO II A. C.

Este estandarte pintado en **seda** se encontró en China en la tumba de la esposa de un funcionario conocida como la señora Dai. Estaba encima de un ataúd colocado dentro de otros tres ataúdes. Es el retrato y la pintura sobre seda más antiguos que se conocen de la historia del arte chino. En el centro hay imágenes de la señora Dai atendida por sirvientes y recibiendo regalos. En la parte superior la vemos en el cielo junto a un dragón en forma de serpiente. Rodeada de tantos tesoros, seguro que la señora Dai llevó una vida de lujo en el más allá.

MÚSICOS DE GIRA

CAMELLO CON BANDA DE MÚSICOS, DINASTÍA TANG, 618-907 D. C.

Esta escultura funeraria de **cerámica** muestra a un cantante y a un grupo de músicos montados en un camello. Sus instrumentos, como el arpa, el oboe y la flauta, se siguen utilizando hoy en día. Los camellos servían para transportar mercancías, así que esta pieza podría pertenecer a comerciantes persas que buscaban hacer negocios en los mercados chinos. ¡Incluso a los muertos les gusta ir de compras!

GUERREROS DE TERRACOTA
Un ejército enterrado

SALA 40

En 1974, unos agricultores de Xi'an (China) hallaron por casualidad una de las tumbas más grandes de la historia. Durante siglos, la tumba del primer emperador de China, Qin Shi Huangdi (259-210 a. C.) había sido objeto de todo tipo de murmuraciones. Y resulta que todo era verdad. El emperador encargó a más de 700 000 trabajadores que crearan soldados, caballos y carros a tamaño real para proteger el palacio que era su tumba.

LISTOS PARA LA BATALLA
GUERREROS DE TERRACOTA, H. 214 A.C.

Cada estatua de este ejército estaba hecha a tamaño real y estaba pintada de vivos colores. Cada guerrero es único y tiene su puesto como soldado en el ejército del emperador. Muchos portan armas como ballestas y van vestidos para la batalla. ¡Pero no hay solo soldados! Algunas secciones de esta tumba subterránea incluyen acróbatas y un parque con patos para entretenerse en la otra vida.

Las figuras están hechas de piezas separadas que se pueden combinar y encajar como si fuese un puzle. El gigantesco tamaño de esta tumba refleja la obsesión del emperador por llevar una vida de lujo y por vencer a sus enemigos. Y hasta hoy lo ha conseguido ya que alrededor de su tumba hay un «río» de mercurio, que es altamente tóxico, gracias al cual su tumba se ha mantenido intacta.

SALA 41

PINTURA CHINA
Tinta sobre seda

La pintura sobre seda era muy popular en la antigua China y es que la seda se inventó allí. Utilizaban pinceles largos y muy finos cuyas cerdas eran de pelo de cabra, lobo o ciervo. La seda es un material muy absorbente que no permite cometer errores, de modo que el artista debía tener muy claro lo que iba a pintar antes de empezar. Las pinturas se colocaban en pergaminos en la pared o en rollos para contemplarlas sobre una mesa.

LA ELABORACIÓN DE LA SEDA

HOMENAJE A ZHANG XUAN, DAMAS PREPARANDO LA SEDA, PRINCIPIOS DEL SIGLO XII D.C.

Se trata de una copia de una pintura de la dinastía Tang que se había perdido. A lo largo del pergamino, vemos imágenes que muestran a un grupo de mujeres de palacio en el proceso de elaboración de la seda. ¡Fíjate bien en las diferentes fases del proceso y en lo larga y difícil que era esta labor! En todo el país había talleres como este para fabricar **textiles** hilando, tejiendo y tiñendo la tela.

¿ARTISTA O EMPERADOR?

EMPERADOR HUIZONG, GRULLAS AUSPICIOSAS, 1112 D. C.

«Auspicioso» significa que algo bueno va a suceder. Un día, mientras las nubes cruzaban por encima de las puertas del Palacio Imperial, un grupo de grullas sobrevoló el lugar formando una llamativa imagen. El emperador Huizong, pintor y gran amante del arte, las vio pasar por encima de su cabeza y tomó su pincel. Hizo un poema y una pintura del suceso, mostrando a las aves arremolinándose sobre los tejados.

👁 En esta escena las aves simbolizan la buena suerte. En la página 29 hay otro cuadro con aves, ¿qué representan?

PINTURA FUNERARIA COREANA
Una alegre muerte

SALA 42

En la antigüedad, Corea estaba dividida en varios reinos. El más grande era Koguryŏ, de donde procede el nombre de Corea. Los artistas coreanos estudiaron la escritura y la pintura de sus vecinos de China y las mezclaron con sus estilos tradicionales. Muchas de las primeras pinturas coreanas se encuentran en las tumbas de los nobles y la realeza y muestran la vida de la antigua cultura coreana.

UNA TUMBA CON VISTAS
ESCENA DE CAZA, H. 400-450 D.C.

Estas dos imágenes se encontraron en la misma tumba. Vemos unas figuras a caballo mientras cazan ciervos y un tigre. Las montañas del paisaje se muestran como gruesas y onduladas líneas llenas de color. Estos lugares eran tan importantes que la gente empezaba a planificar cómo sería su tumba en cuanto se casaba.

HAZ ZOOM

BAILAR PARA LOS MUERTOS
BAILARINES, H. 400-450 D.C.

¿Quieres aprender una danza antigua? A la izquierda de la imagen un grupo de sirvientes lleva comida al difunto, mientras que en el otro extremo, una fila de bailarines levanta los brazos mientras realiza una danza tradicional coreana. Las pinturas de las tumbas solían mostrar a las personas haciendo lo que más les gustaba cuando estaban vivas.

SALA 43

ESCULTURA BUDISTA
Celebrar el cambio

El budismo viajó a lo largo de las rutas comerciales, recorriendo miles de kilómetros hasta llegar a China en el periodo Han posterior (en la página 82 encontrarás más información sobre el budismo). Esta religión se hizo tan popular que se extendió por toda China, llegando hasta Corea, donde la corte real se convirtió el año 372 d. C. Podemos reconocer estos cambios a través de las pinturas y esculturas que se realizaron.

EL GLORIOSO EN ORO
BUDA DE PIE, 539 D. C.

Se trata del ejemplo más antiguo de escultura budista coreana. En ella vemos a Buda envuelto en una nube dorada, símbolo de que es sagrado. La posición de sus manos, llamada *mudra*, tiene un significado especial. La palma hacia arriba significa «no tengas miedo» y la palma hacia abajo otorga su bendición.

LAS CUEVAS DE LOS MIL BUDAS
ESCULTURAS BUDISTAS, DINASTÍA TANG, SIGLO VIII D. C.

En el año 366, un monje tuvo una visión que le llevó a colocar estatuas de Buda en una cueva. Muchos siguieron su ejemplo, de manera que llegó a haber hasta mil cuevas llenas de obras de arte. El interior estaba decorado con pinturas y grandes esculturas y los viajeros entre China y Asia Central se detenían para visitarlas. La zona se convirtió en un lugar de encuentro y meditación para los comerciantes que se dirigían a la importante ciudad comercial de Dunhuang (China). Cuando el comercio disminuyó, las cuevas quedaron olvidadas bajo la arena. Se redescubrieron a principios del siglo XX, cientos de años después.

HAZ ZOOM

78 El mejor museo del mundo

CERÁMICA CHINA Y COREANA
Reinos de cerámica

SALA 44

China y Corea tienen una larga tradición en el arte de la cerámica. Esta se obtiene moldeando arcilla y cociéndola para endurecerla. Con diferentes arcillas se pueden elaborar distintos tipos de cerámica, como la porcelana blanca inventada en China. También se añadían esmaltes para obtener una capa brillante y color. Sus decoraciones eran tan minuciosas que nadie pudo imitarlas (aunque lo intentaron).

ARTÍCULOS RAROS
BOTELLA RU, H. 1075-1125

CERÁMICA VERDE
QUEMADOR DE INCIENSO, H. 1100-1150

La cerámica Ru era un tipo especial que solo se fabricó entre 1086 y 1127 para la corte imperial de China. La mayoría de las piezas de Ru son de color azul pálido y presentan muchas grietas diminutas en el vidriado. Estas grietas no se hicieron a propósito, pero a la gente les gustaban. Las piezas de cerámica *Ru* son muy raras: ¡solo quedan unas sesenta en todo mundo!

Aquí tienes un truco rápido para saber que este objeto de cerámica es de Corea: ¡el color! Los artistas coreanos a veces añadían óxido de hierro a su esmalte, lo que producía este suave tono verde. Este famoso quemador de incienso tiene forma de flor mientras que los pies son pequeños conejos. Quemar esencias y perfumes era una parte importante de los rituales budistas.

JAPÓN PREHISTÓRICO
Islas antiguas

SALA 45

La cultura Jōmon habitó las islas de Japón antes del periodo de la historia escrita. Sabemos que vivían allí por las cosas que hacían, y, de hecho, reciben el nombre del arte que crearon. «Jōmon» significa fabricar cuerdas, ya que sus diseños recuerdan a este objeto. Un periodo prehistórico, llamado Kofun, recibe su nombre de las tumbas (*kofun*) construidas durante esa época, que contenían figuras protectoras y platos para las ofrendas.

MENSAJEROS DE ARCILLA
FIGURA SHAKŌKI, H. 1000-300 A. C.

GUERREROS DE LAS TUMBAS
FIGURA DE GUERRERO HANIWA, H. SIGLO VI D. C.

Durante el periodo Jōmon, la gente hacía pequeñas figuras con apariencia humana llamadas *dogū*. Se han descubierto hasta quince mil *dogū*. Aquí vemos el estilo de la cultura Kamegaoka, que consistía en utilizar ojos grandes, diferentes patrones sobre el cuerpo y piernas y brazos puntiagudos. Es posible que se utilizara como parte de un ritual para ayudar a la gente a conectar con el mundo de los espíritus. La figura parece ser una mujer, por lo que algunos historiadores piensan que puede estar relacionada con alguna diosa madre japonesa.

Los *haniwa* son esculturas de arcilla que se colocan fuera de los *kofun* (tumbas) o en los montículos donde se enterraba a la gente. Significa «círculo de arcilla» porque los primeros *haniwa* eran tubos sencillos. Los diseños con guerreros eran más habituales en el este de Japón. Esta figura lleva armadura y espada y está lista para defender la tumba. Es tan valiosa que se ha convertido en un símbolo nacional japonés.

SINTOISMO Y BUDISMO
El espíritu del arte

SALA 46

Antes de la llegada del budismo, entre los años 538 y 552 d. C., la religión de Japón era el sintoísmo, que significa «camino de los dioses». Creían que los espíritus (*kami*) habitan en todos los objetos, incluidos el arte y los edificios. Al principio no había muchas imágenes de personas, pero, cuando el estilo budista se popularizó, los artistas comenzaron a hacer imágenes religiosas y a representar a los *kami* como seres humanos.

TORMENTAS SOBRE KIOTO
LEYENDAS DEL SANTUARIO DE KITANO, H. 1200-1250

El santuario sintoísta de Kitano, Kioto, se construyó en el año 947 d. C. para complacer al espíritu de Sugawara no Michizane, un funcionario que había sido exiliado injustamente. Cuando murió, Kioto sufría enfermedades y terribles desastres. Esta pintura muestra a Michizane como un furioso dios de la tormenta, causando estragos antes de la construcción del santuario. Las imágenes son de un pergamino, que se desenrollaba por secciones y que se leía de derecha a izquierda.

EL SACERDOTE VIAJERO
KŌSHŌ, EL SACERDOTE KŪYA, H. 1200-1250

Kûya (903-972 d. C.) fue un monje budista que viajaba enseñando a la gente que podían vivir su próxima vida en el paraíso si cantaban el nombre de Amida Buda. Esta escultura de madera muestra a Kûya con seis pequeñas figuras de Buda que salen de su boca, y que representan el canto del nombre de Amida. Sus ojos están hechos con cristales y estaba pintada con colores.

👁 Las pequeñas figuras de Buda representan palabras. Ve a la página 196 para ver otra forma de utilizar palabras.

HAZ ZOOM

Asia oriental 81

GALERÍA I

Sur y sudeste asiáticos

La cuna del hinduismo y del budismo, religiones que inspiraron a los artistas a esculpir enormes esculturas en montañas y a construir templos en piedra. Aquí encontrarás imágenes de seres poderosos capaces de crear, destruir o instruir al mundo.

Se cree que el hinduismo es la religión más antigua del mundo. No tiene fundador, pero sí muchos dioses. En el arte, muchos de sus dioses son fáciles de reconocer por sus rasgos peculiares, como Ganesha, que tiene cabeza de elefante.

El budismo también tiene muchos seres divinos llamados Budas. La filosofía budista comenzó en la India alrededor del año 500 a. C. El Buda de la vida real, Siddhartha Gautama, nació en una familia real en el Nepal moderno. Al crecer, vio el sufrimiento en el mundo y decidió cambiar su vida en la corte por una vida de santidad.

El sur y el sudeste asiáticos abarcan muchos países diferentes, desde India y Bangladés hasta Indonesia. Con el tiempo, el budismo y el hinduismo se extendieron por toda Asia y partes de Europa. Pasa la página para conocer las religiones más antiguas y el arte que las representa.

SALAS 47-49

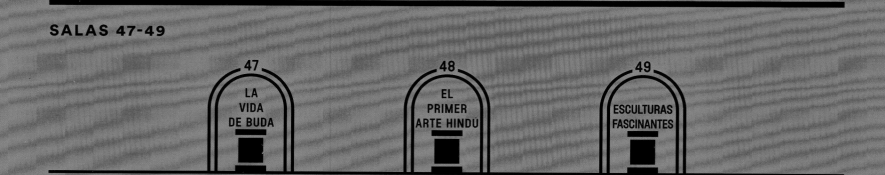

47 LA VIDA DE BUDA

48 EL PRIMER ARTE HINDÚ

49 ESCULTURAS FASCINANTES

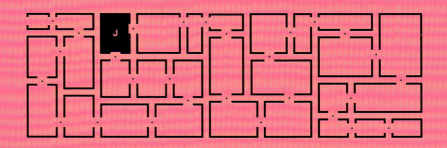

SUR Y SUDESTE ASIÁTICOS: UN MAPA ACTUAL

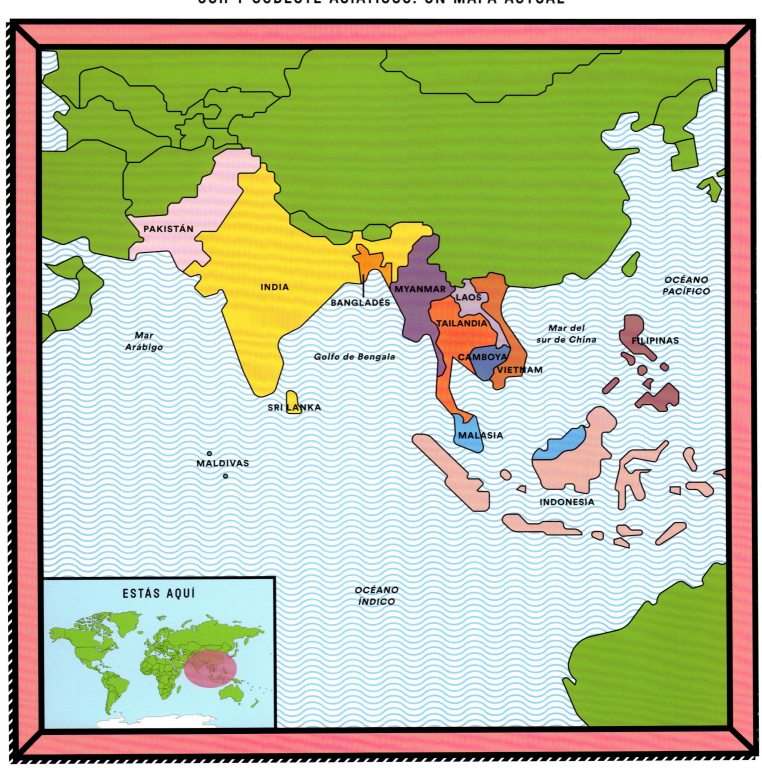

SALA 47

ARTE BUDISTA PRIMITIVO
La vida de Buda

Cuando el emperador indio Ashoka (que reinó entre el 269 y el 232 a. C.) se convirtió al budismo, se dedicó a difundir sus creencias por todo el Imperio maurya (actual India). Ashoka mandó a los artistas que crearan miles de obras para ayudar a extender el mensaje budista. En todo el reino se construyeron altos pilares con escritura tallada a los lados y enormes montículos conocidos como *estupas*.

PUERTAS GLORIOSAS
PUERTA NORTE, SANCHI, SIGLO I D. C.

Las *estupas* son grandes montículos artificiales hechos de tierra o piedra. Contienen objetos importantes de Buda o se encuentran en un lugar donde le sucedió algo especial. La Gran Estupa de Sanchi (India), es uno de los monumentos budistas más antiguos y está hecha de piedra tallada. Cuatro puertas la rodean, cada una orientada a un punto cardinal y en ellas vemos diferentes historias de la vida de Buda.

SABÍAS QUE…

Las imágenes de Buda lo muestran con orejas muy largas para representar el tiempo que pasó como un hombre rico llevando pesados pendientes: nos recuerda que dejó atrás esa vida.

HINDUISMO
El primer arte hindú

SALA 48

La religión hindú tiene más de cuatro mil años y gran parte del arte hindú primitivo se hizo con materiales que no sobrevivieron. Los estilos artísticos hindúes comenzaron a florecer durante el Imperio Gupta (320-550 d.C.), después del arte budista. Bajo la dinastía Gupta se crearon muchos templos y nuevos estilos escultóricos. Se realizaron enormes edificios, tallas de piedra y pinturas para difundir la religión por todo el imperio.

EL SUEÑO MÁS LARGO DE LA HISTORIA
VISHNU DUERME SOBRE LA SERPIENTE SHESHA, H. 525 D.C.

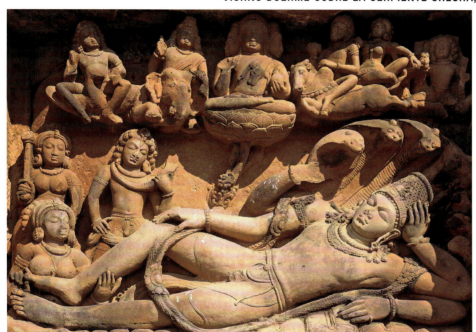

En la imagen vemos un frontal de piedra tallada en un templo en honor del dios Vishnu, protector de la tierra. En esta escultura vemos al dios creando el universo mientras sueña, rodeado de otros dioses, incluida su esposa Lakshmi, sentada a sus pies. También podemos ver a Shesha, la serpiente de muchas cabezas.

SABÍAS QUE…
Algunos dioses hindúes tienen muchas cabezas para demostrar que son lo suficientemente poderosos como para enfrentarse a muchos retos a la vez.

EL DIOS BAILARÍN
SHIVA COMO SEÑOR DE LA DANZA, H. SIGLO XI

Shiva es el dios de la muerte y la destrucción, que acaba con el mal y construye un mundo nuevo. En esta escultura de bronce, Shiva baila, rodeado de un anillo de fuego, y pisotea una pequeña figura que representa la ignorancia.

👁 ¿Puedes encontrar otras cuatro piezas con bailarines en esta Ala?

HAY UN ELEFANTE EN LA SALA
GANESHA, H. SIGLOS XIV-XV

Una escultura en marfil de Ganesha, el dios de los nuevos comienzos. Se sabe que era muy goloso y a menudo se le muestra con un cuenco lleno de dulces y con la trompa estirada hacia el sabroso manjar. ¡Fíjate en su peinado! Imita los tejados de los templos construidos en la época.

SALA 49

ARTE DEL SUDESTE ASIÁTICO
Esculturas fascinantes

El sudeste asiático se extiende desde Myanmar (Birmania), en el noroeste, hasta Filipinas, al este, y hasta Indonesia al sur. El arte de esta región es muy rico y variado. Los primeros gobernantes hicieron construir grandes templos para mostrar su poder y difundir sus creencias religiosas. Los templos hindúes y budistas incluían elaboradas esculturas, relieves en piedra y coloridas pinturas murales.

REYES VIAJEROS
PANEL DE BOROBUDUR, FINALES DEL SIGLO VIII-PRINCIPIOS DEL SIGLO IX D. C.

Borobudur (Indonesia), es el mayor templo budista del mundo y sus paredes están decoradas con historias en relieve. En esta, el rey Rudrayana, que se hizo monje budista, envía a sus seguidores a construir una nueva ciudad. Los detalles del barco indican que ya en esa época eran muy hábiles en la construcción de barcos.

EL BAILE DEL DESTRUCTOR
BHAIRAVA, H. 1300

En el hinduismo, Shiva puede adoptar la forma de Bhairava, un terrible destructor, cuya montura es un chacal igual de feroz. Este tipo de estatuas se colocaban fuera de los templos o de las casas como guardianes o se utilizaban en rituales para protegerse de algún enemigo. ¡Fíjate cuántos símbolos de la muerte hay! Bhairava se sienta sobre cráneos e incluso lleva un collar y unos pendientes en forma de calavera. No hay duda de que es un dios destructor. Esta estatua se encuentra en el este de Java Indonesia.

👁 ¿Qué diosa del antiguo Egipto era a la vez protectora y destructora?

HAZ ZOOM

PARECERSE A BUDA
BODHISATTVA, FINALES DEL SIGLO XI-PRINCIPIOS DEL XII

Un *bodhisattva* es alguien que ayuda a los demás a acercarse a Buda. Esta pintura mural se encuentra en el templo de Abeyadana, en la antigua ciudad de Bagan (Myanmar). A diferencia de la pintura mural de la galería romana (sala 20, pág. 46), realizada sobre yeso húmedo, este fresco se pintó sobre yeso seco, una técnica conocida como fresco *secco*. Estas pinturas no suelen durar mucho, sobre todo en climas cálidos y húmedos, pero el *bodhisattva* que aquí vemos ha conseguido sobrevivir al paso de los siglos.

? SABÍAS QUE...

Las pinturas de los templos budistas solían representar la vida de Buda, mientras que las de los hindúes mostraban historias épicas como el *Ramayana*. Contar historias a través de imágenes era útil en una época en la que solo unos pocos sabían leer.

Sur y sudeste asiáticos

GALERÍA K
Culturas nativas de América

Desde los pueblos nativos de las llanuras del norte hasta las frías cumbres de América del Sur, esta galería alberga el arte de las primeras sociedades que habitaron el continente americano.

Llamamos cultura nativa al grupo de personas que habita un lugar por primera vez. Las primeras grandes civilizaciones de América surgieron en Mesoamérica (que significa «América media») y en la cordillera de los Andes, en América del Sur, hace unos cinco mil años. En estas regiones florecieron importantes pueblos e imperios, como los olmecas, los mayas, los incas y los aztecas.

En América del Norte también existían muchas tribus y, naturalmente, también hacían su propio arte. Cada cultura tenía su lengua, creencias y prácticas artísticas. Los artistas de estas sociedades crearon objetos empleando los recursos naturales que tenían a su disposición en los lugares que habitaban.

A partir del año 1600, la historia de los pueblos nativos de toda América cambió radicalmente con las invasiones de los colonos europeos. Muchas sociedades desaparecieron o fueron expulsadas de sus tierras, aunque todavía hay artistas que hoy en día trabajan siguiendo alguno de estos estilos tradicionales.

Abre la puerta de la última galería de esta Ala y prepárate para explorar el increíble arte primitivo de este enorme continente.

SALAS 50-55

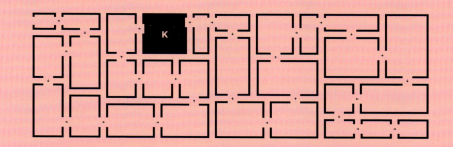

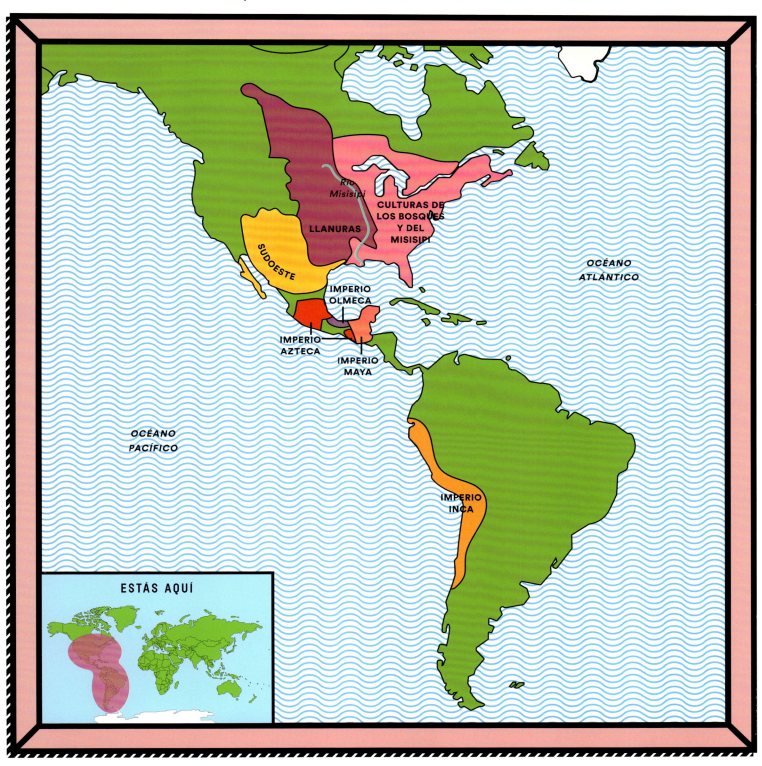

IMPERIOS, CULTURAS Y CIVILIZACIONES AMERICANAS

América del Norte
EL SUDOESTE Y LAS LLANURAS
SALA 50

La vida en los desiertos del suroeste de América del Norte no era nada fácil. No había muchos recursos, de modo que los artistas utilizaban lo que tenían a mano. Las culturas nativas de la región, como los mimbres, empleaban arcilla para fabricar vasijas y herramientas mientras que en las praderas de las llanuras, las culturas de Dinwoody utilizaban enormes paredes de roca como lienzo.

FIGURAS EN LAS ROCAS
PETROGLIFOS DE DINWOODY, H. 100-1400 D. C.

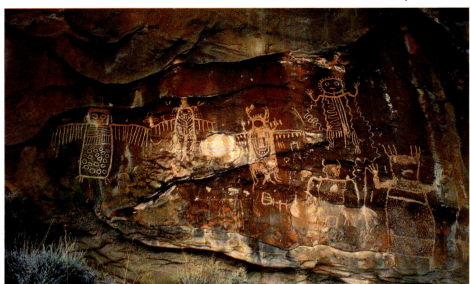

Un petroglifo es una figura o imagen tallada en la roca. Los que ves en esta imagen se encuentran en el valle del río Bighorn, Wyoming. Durante siglos, muchas personas tallaron estas piedras con estos antiguos diseños ¡Observa los detalles en las líneas! El grosor es variable, así como el sombreado. Eso indica que tenían sofisticadas técnicas de tallado. Las culturas que vivían aquí también crearon tejidos y objetos de madera que con el tiempo, se descompusieron y ya no existen, pero, por suerte nos queda su arte mural.

VEO TODO EN BLANCO Y NEGRO
CUENCO CON DISEÑO DE AVE Y ROSTRO, H. 1050

Cuanto más mires este cuenco, más cosas verás. Este estilo de cerámica geométrica en blanco y negro fue realizado por la cultura mimbres de Nuevo México. En el centro del diseño hay un sencillo rostro negro. Junto a él, se puede ver un pájaro blanco y ambos están rodeados por un original patrón en zigzag.

> **? SABÍAS QUE...**
>
> Algunos cuencos mimbres se utilizaban para las ceremonias funerarias y los entierros. Solían tener orificios en el fondo y se colocan sobre los rostros de los muertos.

CULTURAS DE LOS BOSQUES Y DEL MISISIPI
La antigua América del Norte

SALA 51

Los primeros habitantes de América del Norte llegaron hace entre 30 000 y 15 000 años. Algunos de estos pueblos viajaron al este y se les conoce como culturas de los bosques (h. 7500-1000 a.C.). Más tarde, hacia el año 900 d.C, las culturas del Misisipi tomaron el control de gran parte de la zona. Sus obras evidencian que eran magníficos constructores y alfareros. Algunas estaban influenciadas por la antigua cultura maya del actual México.

UN MOMENTO DE AMOR
BOTELLA EFIGIE CON MADRE E HIJO, H. 1200

LA MANO DEL PODER
MANO EFIGIE, 100 A.C.-400 D.C.

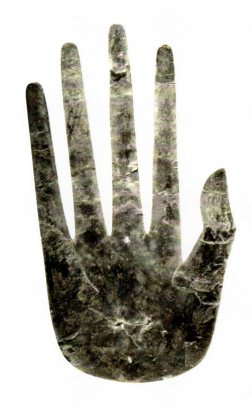

Esta escultura de cerámica de la cultura del Misisipi muestra a una madre amamantando a su hijo. Si te fijas bien en el cuello y los tobillos, puedes ver las líneas de su ropa y la extensión de su falda por debajo del bebé. Esta vasija procede de Cahokia, Illinois, el mayor asentamiento de la región del Misisipi y está hecha de barro cocido.

> **SABÍAS QUE…**
> Los túmulos de Hopewell, en el sur de Ohio, están llenos de objetos fascinantes. Incluso se han llegado a encontrar dientes de tiburón fosilizados y lanzas fabricadas con **obsidiana**.

Los pueblos Hopewell eran un grupo de culturas de los bosques que comerciaban con artículos como la cerámica y compartían algunas tradiciones comunes, como la de hacer objetos para funerales y rituales. Muchas culturas Hopewell construyeron enormes túmulos funerarios y montículos. Este diseño, una mano con dedos alargados que se consideraba un símbolo de poder, se encontró en un túmulo en el sur de Ohio.

OLMECAS
Gobernantes misteriosos

SALA 52

Los olmecas (h. 1400-400 a. C.) fueron la primera gran civilización del actual México. Inventaron su propio calendario y empleaban jeroglíficos. Su arte incluye figuras de jade y cerámica, gigantescas esculturas de piedra y grandes pirámides con templos en la cima. La religión, los inventos y el trazado urbano de las ciudades de los olmecas influyeron en los aztecas y los incas muchos años después de su desaparición.

CRÁNEOS INMENSOS
RETRATO DE UNA CABEZA, H. 1050 A.C.

Los olmecas son famosos por sus gigantescas esculturas de cabezas. Hacían rodar enormes rocas desde las montañas, las transportaban a través de los ríos y luego las tallaban con esmero. ¡Hay que ser muy importante para tener un retrato de este tamaño! Se creen que son imágenes de gobernantes olmecas. Se han encontrado diecisiete y cada uno tiene rasgos faciales únicos. Esta es otra pista de que las cabezas probablemente son de personas reales y no dioses. Los cascos que aparecen en estas figuras se solían usar durante las batallas y el tradicional juego de pelota.

> **? SABÍAS QUE...**
>
> El maíz era importante en la dieta de los olmecas y condujo a la invención de las palomitas de maíz.

92 El mejor museo del mundo

ARTE MAYA CLÁSICO
Apasionados del arte

SALA 53

La civilización maya surgió alrededor del año 1800 a. C. y se desarrolló hasta la llegada de los colonizadores españoles en el siglo XVI. El imperio se extendía desde el actual sur de México hasta Honduras. Construyeron sofisticadas ciudades en torno a elevadísimas pirámides y tallaron esculturas enormes. Cada ciudad tenía su rey y siempre competían entre sí, por lo que los artistas creaban retratos para mostrar el poder de cada rey.

¡QUÉ ELEGANCIA!
VASIJA PINTADA, 650-750 D. C.

¡LARGA VIDA EL GOBERNANTE!
RETRATO DE K'INICH JANAAB' PAKAL I, 615-683 D. C.

En esta vasija un hombre se está vistiendo de gala para un baile especial. Un sirviente le ayuda a pintar su cuerpo mientras se mira en un espejo. En el lado que no vemos, unas mujeres sostienen una máscara y el bastón que utilizará en el ritual. Los artistas eran admirados por su minuciosidad y estas vasijas decoradas se regalaban como muestra de la riqueza de una persona.

SABÍAS QUE…
A los mayas les gustaba el chocolate y tomaban cacao caliente. ¿Cómo lo sabemos? ¡Gracias a sus obras de arte! Las imágenes nos muestran que esta costumbre era una parte importante de sus celebraciones y rituales.

K'inich Janaab' Pakal I fue un gobernante maya que reinó durante casi setenta años, ¡el quinto reinado más largo de la historia! Esta escultura se encontró en su tumba junto con pequeños tesoros, como jade y perlas. El cabello de Pakal imita hojas de maíz para mostrarlo como el dios del maíz. Este producto era muy importante en la dieta maya, por lo que este dios estaba entre los más venerados.

SALA 54

IMPERIO AZTECA
Un paraíso en el lago

Los aztecas (cuyo imperio se extendió de 1427 a 1521) se llamaban a sí mismos «mexicas». Fueron los historiadores quienes les dieron el nombre de «aztecas». Su capital, Tenochtitlan (actual Ciudad de México), fue construida en una isla en un lago rodeado de volcanes. Tenía canales y templos muy altos. En su apogeo, se cultivaba la poesía, la cerámica, la escultura y se fabricaban objetos de metales preciosos como el oro.

RIVALIDAD FRATERNA
PIEDRA DE SACRIFICIO DE COYOLXAUHQUI, H. 1469-1481

LUCHADORES TEMIBLES
GUERRERO ÁGUILA, H. 1482-1486

Esta piedra se situaba al pie de unas escaleras que conducían al templo de Huitzilopochtli, el dios de la guerra y del sol. Muestra a su hermana Coyolxauhqui, una diosa lunar mexica, que se enfadó al saber que su madre estaba embarazada. Trató de llevar a sus cuatrocientos hermanos a una montaña para matar a su madre, pero fue derrotada por Huitzilopochtli en una batalla cósmica. Este la arrojó sobre la tierra en pedazos, tal como vemos en este disco.

👁 ¿Puedes encontrar otro dios del sol en esta Ala? Pista: ¡busca en la Galería C!

Una escultura a tamaño natural de un guerrero águila. Estos guerreros, junto con los guerreros jaguar, tenían fama de ser los mejores del ejército mexica. Se vestían como águilas, ya que creían que así obtenían la destreza para la caza que caracteriza a estas aves. Esta escultura se colocó en el exterior del Templo Mayor, en el centro sagrado de la capital. Este tipo de esculturas se solían cubrir con plumas y se pintaban con colores brillantes.

IMPERIO INCA
Artistas en las montañas

SALA 55

El Imperio inca (1100-1533) llegó a gobernar a más de doce millones de personas en un territorio que abarcaba toda la cordillera de los Andes. Las ciudades estaban conectadas por carreteras. Tenían llamas, animales que les proporcionaban alimento, lana, y transportaban sus mercancías. Gran parte de sus objetos de metal fueron fundidos por los conquistadores españoles, pero se conservan tejidos, recipientes y esculturas.

VESTIR PARA IMPRESIONAR
TÚNICA REAL, 1476-1534

Los funcionarios importantes solían llevar túnicas como esta para mostrar su lealtad a un gobernante. Los diseños geométricos se llaman *tocapu*. ¿Ves lo detallado que es cada cuadrado? Cada uno cuenta una historia sobre la función de una persona en la sociedad o su procedencia. Los tejidos se fabricaban con algodón o lana de llama. La de vicuña (animal de la región pariente de las llamas) era especialmente suave y estaba prohibido que cualquier persona que no fuera de la realeza llevara lana de este animal.

UN ANTIGUO TARRO DE MIEL
BOTELLA (URPU), 1450-1534

Los *urpu* eran recipientes para almacenar alimentos y cerveza. Este ejemplar está repleto de filas y filas de pinturas de abejas, por lo que los historiadores creen que se pudo utilizar para almacenar miel. Las pequeñas anillas de la parte superior se usaban para taparlo y las asas servían para sujetarlo a la llama en la que se trasportaba. La cerámica inca se utilizaba con fines prácticos o ceremoniales, como ofrecer comida y bebida a los dioses o alimentar a la gente en el más allá.

TÓMATE UN DESCANSO

BIENVENIDO A LA CAFETERÍA

Toma asiento, hay sitio de sobra, y echa un vistazo al menú. Nuestros artistas han preparado algunas delicias para tentarte.

Aperitivo

UNAS FRUTAS DELICIOSAS

PAUL CÉZANNE, BODEGÓN CON MANZANAS Y NARANJAS, H. 1899

¡Las mires por donde las mires, aquí tienes unas deliciosas manzanas! Cézanne pintó estas frutas para enseñar un objeto desde todos sus ángulos.

Plato principal

MÁS GRANDE QUE UNA GIGANTE

CLAES OLDENBURG, HAMBURGUESA DE SUELO (HAMBURGUESA BLANDA), 1962

¡Ojo! Esta escultura gigante está hecha con espuma, no es de ternera.

UN BUEN BANQUETE

CLARA PEETERS, BODEGÓN CON PASTEL, POLLO ASADO, PAN, ARROZ Y OLIVAS (H. SIGLO XVII)

Una pintura tan realista que seguro que te despierta el apetito.

Postre

SORPRESA DE FRUTAS

GIUSEPPE ARCIMBOLDO, VERTUMNO, 1590

Tampoco es tan malo jugar con la comida.

DATE UN CAPRICHO

WAYNE THIEBAUD, DOS PASTELES DE MERENGUE DE LIMÓN, 1983

La especialidad de Wayne Thiebaud.

ALA 2

EL DOMINIO DE LAS ARTES

SUMÉRGETE UN UNA NUEVA ÉPOCA DE LA HISTORIA DEL ARTE.

Vas a conocer a los artistas más famosos de la historia.

En el Ala 1, vimos piezas hechas para personas ricas y poderosas, pero sabemos muy poco de quién las hizo. Aquí, encontrarás artistas que alcanzaron la fama gracias a sus habilidades y, como había más personas con dinero para comprar arte, era posible mostrar temas del gusto de la gente, como escenas cotidianas. La imprenta facilitó la producción de libros y permitió que los artistas compartiesen sus ideas.

EN ESTA ALA ENCONTRARÁS...

- El Renacimiento
- Paisajes asombrosos
- Guerras de la cerámica
- Retratos poderosos
- Relatos épicos
- Libros ilustrados
- Pinturas al óleo
- Mensajes ocultos
- Esculturas sagradas
- Una erupción volcánica
- ¡Drama!
- Escenas de ensueño
- Bodegones
- La Isla de Pascua
- Realeza y gobernantes
- Máscaras

GALERÍA L
Arte asiático

En esta galería encontrarás obras maestras desde el siglo XIII hasta el XIX. Viajaremos desde el desierto de Persia (el Irán actual) hasta Japón y conoceremos historias increíbles a través de obras de arte únicas, incluyendo pinturas, tejidos e incluso marionetas.

Durante los siglos XIII y XIV aparecieron enormes imperios en Asia. El Imperio mongol fue el más extenso de la historia y en su apogeo se podía ir a pie desde China hasta la actual Polonia sin abandonar sus dominios. En la India, el Imperio mogol gobernó gran parte del sur de Asia desde el siglo XVI hasta el XIX y, a través del arte, podemos estudiar cómo los diferentes pueblos de ambos imperios intercambiaron y compartieron sus ideas.

Estos territorios estaban conectados a través de la Ruta de la Seda, que no era un camino hecho de seda, sino el nombre con el que se conocía a las rutas comerciales. Esta vía de comunicación sirvió para compartir materiales, ideas y estilos artísticos. Algunas técnicas y temas pueden parecerse, pero el modo en que los utilizaban los artistas era único.

Prepárate para descubrir obras llenas de colorido e increíbles detalles.

SALAS 56-64

56 MUNDOS DIMINUTOS
57 ARTE COTIDIANO
58 PINTURAS LITERARIAS
59 HISTORIA Y TRADICIÓN
60 LA PORCELANA PERFECTA
61 ¡CUIDADO AL DOBLARLOS!
62 UNA HISTORIA DE LA CORTE
63 EDIFICIOS BRILLANTES
64 DISEÑOS MARAVILLOSOS

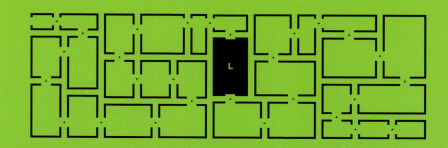

ASIA Y LA RUTA DE LA SEDA

- 🟠 NORTE ASIÁTICO
- 🔵 ASIA CENTRAL
- 🌸 SUDOESTE ASIÁTICO
- 🟡 ESTE ASIÁTICO
- 🟣 SUR ASIÁTICO
- 🟧 SUDESTE ASIÁTICO
- ---- RUTA DE LA SEDA
- ----- GRAN MURALLA CHINA

Arte asiático 101

PINTURA EN MINIATURA
Mundos diminutos

SALA 56

¿Sabes por qué a estos cuadros se les llama miniaturas? Porque son muy pequeños y están llenos de diminutos detalles. Son tan pequeñas que algunos artistas utilizaban pinceles muy pequeños hechos con pelo de ardilla. Las primeras miniaturas indias aparecieron en el siglo IX d.C.

para ilustrar textos budistas y otros textos religiosos. Durante el Imperio mogol (1526-1858) se crearon más talleres para este tipo de pinturas y los artistas comenzaron a utilizar este estilo para ilustrar diferentes historias e imágenes de relatos históricos, la vida de la familia real y otros temas.

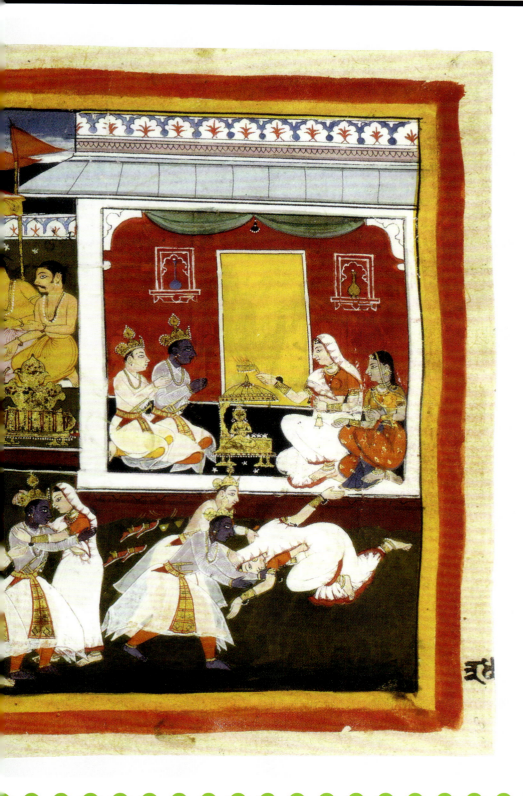

UNA HISTORIA EN VERSO
SHAHIBDIN, RAMAYANA, H. 1650

El *Ramayana* es un poema épico, es decir, una larga historia contada en forma de poema. Es uno de los textos más antiguos y queridos de la India y narra las peripecias de Rama, un príncipe legendario y su bella esposa, Sita, las de un poderoso dios mono llamado Hanuman y cuenta la batalla contra el malvado rey Ravana. Pero Rama no solo es un príncipe, sino también la encarnación del dios Vishnu. Este cuadro es obra del artista musulmán Shahibdin, que pintó muchos temas hindúes. ¿Ves cómo la figura azul de Rama aparece más de una vez? El cuadro muestra varias escenas dentro de una única pintura. Cuenta el momento en que la madrastra de Rama le echa del reino y se va a vivir al bosque con Sita. En la parte inferior derecha, se puede ver a su madre desmayándose al enterarse de la noticia. Esta obra procede de una copia del *Ramayana* que incluye 450 pinturas y, aunque una sola persona escribió el texto del manuscrito, fueron varios los pintores que trabajaron juntos para hacer las llamativas imágenes. ¡Tardaron cinco años en acabar!

👁 Las técnicas de esta pintura han inspirado a algunos artistas indios modernos. Mira la página 180.

Arte asiático 103

EL DOMADOR DE ELEFANTES

BASAWAN, AKBARNAMA, H. 1590

Akbar fue uno de los grandes gobernantes del Imperio mogol, que se extendía por buena parte del sur de Asia, incluyendo la India y el Pakistán modernos. Akbar reinó en el siglo XVI durante casi cincuenta años y, aunque no sabía leer, apoyó a muchos escritores y artistas fundando talleres para artistas. Esta página forma parte de un libro ilustrado que cuenta la historia de su reinado. En ella vemos al emperador vestido de blanco, montado en uno de los elefantes reales más fieros, llamado Hawa'i. ¡Se abalanza con valentía contra un elefante rebelde mientras todos los demás parecen aterrorizados! El objetivo de esta imagen y de la historia que cuenta es demostrar el poder de Akbar y su capacidad para afrontar dificultades, como gobernar un gran imperio.

👁 ¿Cómo emplearon el arte gobernantes de otras épocas para mostrar su poder? Ve a las páginas 21, 31, 48, 52, 75 y 92.

ARTES DECORATIVAS
Arte cotidiano

SALA 57

Existe un término para el arte presente en nuestra vida diaria: artes decorativas. Se trata de objetos creados con una función concreta (como cerámica, joyas, alfombras…), pero que, a la vez, son maravillosas obras maestras. Las artes decorativas tradicionales del sudeste asiático incluyen tejidos, muebles e incluso marionetas y los artistas utilizan materiales de la zona, como el bambú y los cocos.

NAVEGANDO HACIA EL MÁS ALLÁ
TELA DE BARCO PALEPAI, SIGLO XIX

Un «palepai» es un paño tejido que se cuelga detrás de las personas durante las ceremonias, por ejemplo, en una boda o un bautizo. Muchas de estas telas tienen diseños de barcos, ya que están relacionadas con los habitantes de la isla indonesia de Sumatra. Esta tela en concreto habría servido para un funeral, porque creían que, cuando alguien moría, iba a la otra vida en un barco.

👁 Para descubrir otra cultura en la que los barcos eran importantes, dirígete a la sala 13.

JUEGO DE MARIONETAS
MARIONETA WAYANG GOLEK, ANTES DE 1881

Este es un *wayang golek* indonesio, una marioneta de madera sobre unas varillas. La cabeza está tallada y pintada, y la ropa es de tela auténtica. Los espectáculos de marionetas eran habituales en celebraciones especiales, como bodas y festivales. Esta marioneta representa a Kencana Wungu, reina hindú de Majapahit.

SALA 58

PINTURA CHINA
Pinturas literarias

Los mongoles conquistaron China y dieron comienzo a la dinastía Yuan (1279-1368). Esto molestó a muchos funcionarios chinos, que prefirieron retirarse en lugar de trabajar para los nuevos gobernantes. Llevaban una vida tranquila y su pintura mostraba lo que sentían. Se trata de las llamadas pinturas literarias. El arte posterior a las dinastías Ming y Qing incluye pinturas literarias de naturaleza, plantas, animales y escenas reales.

DEJARSE LLEVAR
DONG QICHANG, OCHO ESCENAS EN OTOÑO, 1620

Dong Qichang era un pintor erudito muy respetado. Estudió mucho para convertirse en funcionario de la corte Ming, pero también le gustaba visitar su lugar de origen, en lo que hoy es Shanghái, donde pintaba y escribía poesía. Pensaba que muchos artistas pintaban de forma muy ordenada, con demasiados detalles y pinceladas diminutas, y él quería hacer algo diferente. Dong prefería un estilo de pincelada más relajada, más parecido a la antigua pintura china, y deseaba que sus pinturas transmitieran un estado de ánimo y no una visión realista de una escena. En esta imagen vemos paisajes imposibles de las cimas y laderas de las montañas, con árboles excesivamente grandes al frente. Para él, antes que ser realista, era más importante mostrar claramente los alegres colores de la naturaleza cuando las hojas cambian de color en otoño.

? SABÍAS QUE…

Los funcionarios eruditos (también llamados literatos) eran personas que trabajaban para el gobierno. Estudiaban durante mucho tiempo para aprobar un difícil examen que les permitía obtener un puesto de trabajo en la corte. Parte de sus estudios incluía música, escritura y pintura.

PODEROSO BAMBÚ

GUAN DAOSHENG, BAMBÚ Y PIEDRA, 1262-1319

Guan Daosheng fue una pintora y poeta muy importante. Para algunos, es una de las artistas más famosas de la historia de China. Guan era una maestra en pintar imágenes de la planta de bambú. Esta planta es un símbolo de fuerza en la pintura china, ya que sus tallos se mantienen firmes, incluso frente al frío y el viento. Fue un tema popular durante la dinastía Yuan, ya que animaba a los eruditos a mantenerse firmes bajo el dominio mongol.

? SABÍAS QUE...

En las pinturas de tinta china, las plantas suelen tener un significado especial. Hay cuatro plantas conocidas como los Cuatro Caballeros, que representan a las estaciones del año: primavera (orquídea), verano (bambú), otoño (crisantemo) e invierno (flor de ciruelo).

PASANDO EL RATO

ZHAO MENGFU, CABALLO Y CUIDADOR, 1296-1359

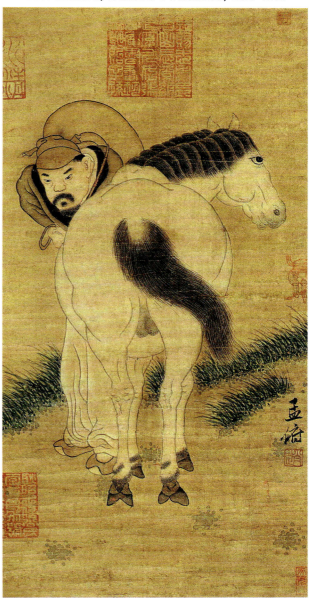

Muchos eruditos rechazaron a los nuevos gobernantes, pero Zhao Mengfu decidió trabajar para ellos para mostrar las ideas tradicionales chinas en su corte. Es conocido por sus cuadros de caballos, que pueden tener varios significados. Esta pintura ofrece una vista de la parte posterior de un caballo y su cuidador, y podría querer decir que el gobierno debería elegir bien a sus funcionarios, de la misma manera que el cuidador elige un buen caballo. Las pinceladas sobre la hierba y el pelo le dan una apariencia muy real.

Arte asiático 107

EL GRAN VIAJE

WANG HUI, LA GIRA DE INSPECCIÓN AL SUR DEL EMPERADOR KANGXI, ROLLO TERCERO: DE JINAN AL MONTE TAI, H. 1698,

Durante la dinastía Qing, China fue gobernada por los manchúes, que procedían del noreste de China. Uno de los emperadores Qing, Kangxi, vivía en Pekín, en el norte, pero quería mostrar su poder por todo el extenso territorio chino. El emperador Kangxi y su familia realizaron un viaje de tres mil kilómetros por el sur de China y pidió al paisajista Wang Hui que lo registrara en imágenes. Wang es uno de los pintores de paisajes más famosos del arte chino. Este es uno de los doce largos pergaminos que muestran el viaje. Aquí se ve a Kangxi en el monte Tai, una montaña sagrada visitada por los emperadores desde antes del año 200 a. C. En esta escarpada escena aparecen diminutas figuras. El amarillo era un color que solo un emperador podía llevar. ¿Puedes encontrarlo?

Arte asiático 109

PINTURA COREANA
Historia y tradición

SALA 59

Durante los primeros años de la dinastía Chosŏn (1392-1910), los artistas coreanos se inspiraron en el estilo chino, sobre todo en las pinturas literarias que ya has visto en esta galería. Pero, a partir del siglo XVIII, los artistas coreanos decidieron centrarse en estilos propios de la historia y tradiciones de su país. Las pinturas no solo mostraban paisajes, sino también escenas de la vida cotidiana.

PENSAMIENTOS TRANQUILOS

KANG HŬIAN, UN SABIO CONTEMPLANDO EL AGUA, SIGLO XV

El artista Kang Hŭian era un conocido erudito y funcionario de la corte. Había viajado a Pekín (China) por su trabajo y se inspiró en las pinturas de los eruditos que había visto allí. En esta escena, un sabio apoya la barbilla en sus brazos cruzados y observa un estanque. Tal vez esté pensando en algo importante o simplemente ensoñando. Las difusas líneas negras de la parte superior muestran las ramas de un árbol y las líneas grises y rectas de la parte inferior las ondas del agua.

VISTA REAL

CHŎNG SŎN, PAISAJE, H. 1750

En el siglo XVIII Chŏng Sŏn quiso probar algo diferente. En lugar de pintar lugares **idealizados** e imaginarios, este artista salía al exterior y pintaba los paisajes de Corea y las vistas de la ciudad que tenía ante sus ojos. Sus pinturas eran un reflejo de la Corea de verdad, por lo que este estilo se denomina paisajes de «vista real». Muy pronto, otros artistas se inspiraron en su nuevo enfoque y empezaron a pintar siguiendo este estilo.

CERÁMICA CHINA Y COREANA
La porcelana perfecta

SALA 60

La **cerámica** de China y Corea es de una belleza única y era muy apreciada en toda Asia y Europa. Otros países trataron de copiar la técnica china para fabricar esta porcelana blanca y brillante, pero era un secreto muy bien guardado. Los artistas coreanos tenían sus propias técnicas para su estilo tradicional llamado *punch'ŏng*; eran tan hábiles que pueblos enteros de alfareros fueron secuestrados en una guerra de la cerámica.

EN AZUL Y BLANCO

JARRONES DAVID, DINASTÍA YUAN, 1351

Este par de jarrones son uno de los primeros ejemplos de porcelana china azul y blanca. Están inspirados en las cerámicas azules del mundo islámico y se crearon originalmente para el comercio con esos países. Su forma es similar a la de algunas piezas de bronce antiguas (sala 37). ¿Qué criaturas míticas puedes ver aquí? Los dragones y los fénix suelen aparecer juntos como símbolos del *yin* y el *yang* (equilibrio), una idea que procede de una antigua filosofía china llamada taoísmo.

GUERRAS POR LOS RECURSOS

BOTELLA DE CERÁMICA PUNCH'ŎNG, SIGLO XV

¿Te imaginas que un tipo de cerámica pudiera provocar una guerra? Pues eso es justo lo que sucedió con la cerámica *punch'ŏng* de Corea. Durante las «guerras de la cerámica», entre 1592 y 1597, muchos alfareros coreanos fueron hechos prisioneros por los japoneses para que fabricasen su apreciada cerámica en Japón. Para elaborarla cubrían las piezas con un engobe (arcilla y agua) que contenía mucho hierro y, luego, con una fina capa de esmalte. Cuando se cocían en el horno, adquirían un sutil color verde, como el de este ejemplo.

BIOMBOS JAPONESES
¡Cuidado al doblarlos!

SALA 61

Los biombos japoneses se pueden utilizar para dividir habitaciones, como telón fondo de una ceremonia o para obtener privacidad. En la antigüedad se hacían con seda, pero cuando los artistas empezaron a utilizar el papel en el siglo XIV, el estilo cambió. Los primeros eran diseños de un solo color, pero a partir del siglo XVI, los de colores brillantes y motivos dorados se hicieron populares y servían para mostrar la riqueza de las personas.

MONTAÑAS NEBLINOSAS
KANŌ TAN'YŪ, PAISAJE CON EL MONTE FUJI, 1666

Durante más de trescientos años, la familia Kanō y sus alumnos crearon los estilos de pintura más influyentes de Japón. Dentro de este grupo de artistas, destaca Kanō Tan'yū por las obras que pintó para el sogún (un gobernante militar). Este biombo muestra el Monte Fuji entre la niebla, con colinas al frente. Se trata de una imagen *yamato-e*, que muestra escenas reconocibles de Japón.

PINCELES ERIZADOS
HASEGAWA TÔHAKU, PINOS EN LA NIEBLA, 1550-1600

Uno de los dos biombos a juego de Hasegawa Tôhaku. En ambos aparecen unos pinos en un paisaje brumoso. Sus suaves sombras parecen surgir de detrás de una pantalla iluminada. El artista se sirvió de un pincel poco húmedo para lograr pinceladas más gruesas que parecen agujas de pino. Aprendió el estilo de los maestros de la pintura china y japonesa y estudió con la famosa familia de artistas Kanō en Kioto.

LA NOVELA DE GENJI
Una historia de la corte

SALA 62

La novela de Genji es una historia con más de cincuenta capítulos y cerca de cuatrocientos personajes. Narra la vida del oficial Hikaru Genji y se considera la primera novela del mundo. La autora fue una japonesa llamada Murasaki Shikibu (h. 973-1015). Los artistas empezaron a pintar escenas de su novela en el siglo XII y suelen mostrar los edificios desde un ángulo elevado y sin el tejado, para que podamos ver a las personas en su interior.

EL VIENTO EN LAS VENTANAS

ESCUELA DE TOSA MITSUYOSHI, NOWAKI, (CAPÍTULO 28), PRINCIPIOS DEL SIGLO XVII

Entre nubes cubiertas de pan de oro, esta escena muestra a la esposa de Genji, Murasaki, mientras observa a sus sirvientes cerrar las ventanas para protegerse de los vientos de un tifón. Se cree que el artista pintó en el taller de Tosa Mitsuyoshi, un famoso pintor que procedía de una familia de artistas y que creó la escuela de Tosa, que no es una escuela propiamente dicha, sino una forma de describir a los artistas que tenían un estilo similar.

AMOR Y JUEGOS

MURASAKI Y UTSUSEMI (CAPÍTULOS 3 Y 5), SIGLOS XVII-XIX

Durante el conocido como periodo Edo de la historia japonesa (1603-1868), La novela de Genji fue un tema popular de grabados, pinturas y biombos. A los cortesanos y personas adineradas les encantaba ver imágenes de la vida de la corte. Este biombo de papel muestra al personaje principal, Genji, cuando ve a la hermosa muchacha Murasaki. Al final se enamoran y se casan. Al fondo, vemos de nuevo a Genji, de pie en la puerta viendo cómo su madrastra y otra mujer juegan al *Go*, un juego de mesa japonés.

HAZ ZOOM

Arte asiático

ARQUITECTURA MOGOLA
Edificios brillantes

SALA 63

Los edificios de la dinastía mogola combinaban los estilos arquitectónicos de la India, Persia y Turquía. Muchas veces las construcciones eran simétricas, es decir que si te imaginas una línea que atraviesa el centro del edificio, obtendrás dos partes idénticas. Otros elementos típicos son las hileras de arcos apuntados y las grandes cúpulas bulbosas. Los mejores ejemplos de este estilo son las tumbas reales y la más famosa es el Taj Mahal.

UN MAUSOLEO INCREÍBLE
USTAD AHMAD LAHAURI, TAJ MAHAL, 1632-1653

El Taj Mahal es un impresionante edificio de mármol blanco situado en Agra, una ciudad de la India. Aunque parece un palacio, en realidad se trata de un mausoleo, es decir, de una tumba. El emperador Shah Jahan (1592-1666) lo mandó construir para su esposa favorita, Mumtaz Mahal, cuando esta falleció. El Taj Mahal es tan grande que se tardó 22 años en construirlo y trabajaron 22 000 obreros.

El exterior está decorado con textos del Corán y motivos florales elaborados con coloridas piedras preciosas como lapislázuli, jade y amatista. Está construido a orillas del río Yamuna y tiene jardines, fuentes y piscinas. En su interior se encuentra la tumba de mármol de Mumtaz Mahal. Cuando Shah Jahan murió también lo enterraron aquí, de manera que yacen juntos para la eternidad.

ALFOMBRAS DEL MUNDO ISLÁMICO
Diseños maravillosos

SALA 64

Al igual que las historias antiguas, los diseños de las alfombras también se transmitieron entre los tejedores de generación en generación durante siglos. Las alfombras pueden ser sencillas o tener complejos motivos geométricos, florales o de animales, según el lugar o el país en el que se fabricaban. Las alfombras para las cortes reales se confeccionaban con intrincados adornos y materiales lujosos, como la seda.

UNA ALFOMBRA GIGANTE
MAQSUD KASHANI, ALFOMBRA DE ARDABIL, 1539-1540

La alfombra de Ardabil es enorme: extendida, ocuparía la mitad de una pista de tenis. Conocemos su edad por la escritura en el margen. Dice que fue realizada por Maqsud Kashani entre 1539 y 1540. Otras inscripciones citan poemas del escritor persa Hafiz. En centro de la alfombra aparece un gran medallón dorado rodeado de óvalos decorativos, dos lámparas y un mar de diseños florales. Se fabricó para el santuario del jeque Safi al-Din Ardabili (1252-1334) en la ciudad de Ardabil (Irán), fundador de la dinastía persa safaví y santo sufí.

👁 ¿En qué se parece a la alfombra de la página 122?

> **SABÍAS QUE…**
>
> A partir del siglo XVI, los gobernantes de los Imperios otomano, safaví y mogol crearon talleres para fabricar y vender alfombras a los europeos. Se convirtieron en artículos de lujo populares en Asia y Europa e incluso figuran en algunas pinturas europeas. Se consideraban obras de arte tan valiosas que algunas personas las colgaban en la pared en lugar de ponerlas en el suelo. Las pinturas renacentistas son una buena forma de contemplar alfombras que ya no existen.

Arte asiático 115

GALERÍA M
El Renacimiento europeo

La palabra «renacimiento» significa «volver a nacer». Fue una época apasionante en Europa, en la que los artistas estudiaban la ciencia de vanguardia y descubrían el mundo clásico (griego y romano). De aquella mezcla surgió algo totalmente nuevo.

Durante esos años, en toda Europa, mucha gente se hacía preguntas: ¿cómo funciona el cuerpo humano?, ¿cómo se pueden mejorar algunos materiales como la pintura?, ¿qué técnicas artísticas son más realistas? Esa curiosidad dio lugar a grandes cambios. Los artistas idearon formas nuevas de mezclar las pinturas al óleo y empezaron a pintar sobre lienzos. Y lo que los científicos aprendían sobre el cuerpo humano les ayudó a pintar y a esculpir figuras que parecían muy reales.

También se produjo un gran cambio en los temas que trataban. Los dirigentes de la Iglesia católica pagaban a los artistas para que pintaran historias cristianas, pero cada vez había más personas con dinero para invertir en obras de arte y encargaban pinturas y esculturas que mostraran retratos, escenas mitológicas o de la vida cotidiana. Artistas como Leonardo da Vinci y Jan van Eyck llegaron a ser muy populares. Sigue leyendo y descubrirás algunas de las obras de arte más famosas del mundo.

SALAS 65-70

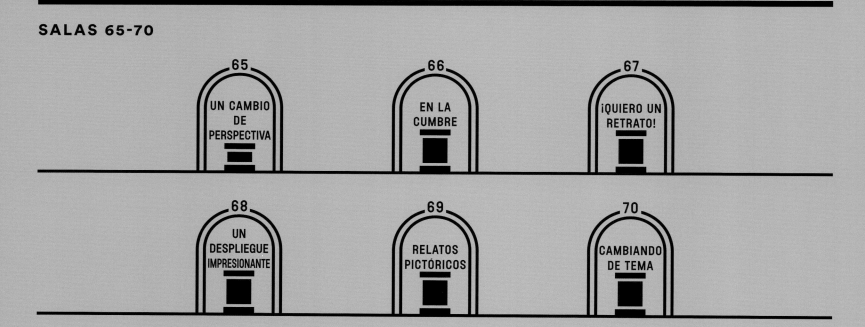

116 El mejor museo del mundo

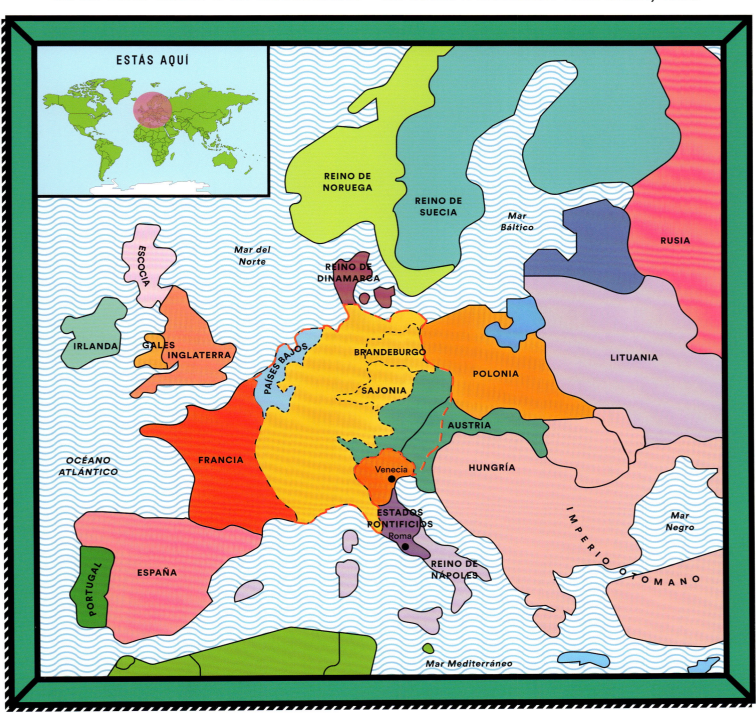

El Renacimiento europeo

SALA 65

EL QUATTROCENTO
Un cambio de perspectiva

Quattrocento es la abreviatura de *millequattrocento* (1400) y en italiano se refiere al siglo XV. Es un término que se emplea para hablar del arte de una época en la que los artistas iniciaron el periodo renacentista en Florencia (Italia). Experimentaron con la **perspectiva**, es decir, que cambiaban la posición y el tamaño de los objetos en función de la distancia para que pareciesen más reales. Esta idea es un elemento central en el arte europeo.

UN JARDÍN EN PRIMAVERA

SANDRO BOTTICELLI, LA PRIMAVERA, H. 1478

Botticelli, el nombre del famoso artista que pintó esta obra, era en realidad un apodo que significa «barrilito» y se debe a que a su hermano mayor, algo más gordo que él, era conocido como «barril». Botticelli vivió en Florencia toda su vida, aunque también pintó obras para el papa en Roma. Es conocido por sus pinturas sobre mitos e historias religiosas, repletas de detalles. Este cuadro muestra a la diosa romana Venus en el centro y al dios Mercurio a la izquierda. Flora, la diosa de la primavera, aparece con un vestido de flores.

MATAR DRAGONES

PAOLO UCCELLO, SAN JORGE Y EL DRAGÓN, H. 1470

El dragón de esta pintura no tiene ninguna posibilidad de vencer a san Jorge. Paolo Uccello pintó al famoso caballero clavando su lanza a la bestia para salvar a una princesa. Uccello era también un gran matemático y le interesaba el uso de la perspectiva en sus pinturas para lograr que fueran más realistas. En esta obra trató de conseguirlo haciendo que las manchas rectangulares de vegetación se fuesen acercando unas a otra a medida que se alejaban hacia el fondo. Además, trazó las líneas del suelo de modo que formasen un ángulo para producir sensación de profundidad.

👁 ¡Compara este dragón con el dragón chino de la página 111!

DERROTAR A UN GIGANTE
DONATELLO, DAVID, H. 1460

Donatello comenzó su carrera como escultor en las catedrales de Florencia. Estudió las esculturas clásicas de la antigua Grecia y Roma y probó muchos estilos diferentes. Algunas de sus obras están talladas en madera y otras, como el *David*, son similares a las estatuas de bronce de la antigua Grecia. Esta escultura muestra a David después de haber matado al gigante Goliat en la famosa historia bíblica.

ROMPER MOLDES
PROPERZIA DE' ROSSI, RELIEVE DE JOSÉ Y LA MUJER DE POTIFAR, H. 1520

No era fácil ser mujer y escultora durante el Renacimiento, una época en la que se pensaba que la escultura era cosa de hombres. Properzia de' Rossi demostró que estaban equivocados. Descubrió su amor por este arte tallando pequeñas obras en huesos de frutas como albaricoques y melocotones. Más tarde, creó obras de mayor tamaño y en mármol para adornar iglesias. Este relieve fue realizado originalmente para San Petronio, una iglesia de Bolonia (Italia). Muestra a José, del libro bíblico del Génesis, huyendo de la mujer de su amo.

SABÍAS QUE…

Properzia de' Rossi fue la única artista con un capítulo propio en la primera edición de *Vidas de los más eminentes pintores, escultores y arquitectos*. Se trata de un libro publicado por el artista Giorgio Vasari en 1550, donde escribió sobre 142 artistas. Para algunos, Vasari es el primer historiador del arte.

El Renacimiento europeo

ALTO RENACIMIENTO ITALIANO
En la cumbre

SALA 66

Llamamos Alto Renacimiento al periodo en el que este **movimiento** estaba en su apogeo. El nuevo estilo, iniciado en Florencia, se trasladó a Roma y a otras zonas de Italia. Era arte renacentista en su máxima expresión. Los artistas incorporaron ideas clásicas (griegas y romanas) sobre el aprendizaje, la inteligencia y el ser humano como individuo y de esta mezcla de lo nuevo con lo antiguo surgió un estilo lleno de belleza.

UN ELEGANTE ARMIÑO
LEONARDO DA VINCI, LA DAMA DEL ARMIÑO (CECILIA GALLERANI), 1489-1490

Leonardo da Vinci era muy curioso e inteligente. Desarrolló planos para crear máquinas voladoras, hizo dibujos detallados del cuerpo humano, diseñó equipos militares y encontró tiempo para pintar algunos de los cuadros más famosos del mundo. Este óleo representa a una mujer vinculada a la familia Sforza, que gobernaba Milán. El animal que sostiene, parecido a una comadreja, se llama armiño. Da Vinci los consideraba criaturas puras.

👁 ¿Puedes encontrar otros dos retratos con mascotas en esta galería?

GRANDES MENTES
RAFAEL, LA ESCUELA DE ATENAS, 1509-1510

En este fresco, Rafael pintó a grandes matemáticos, científicos y filósofos de la antigua Grecia. Su idea era honrar a los sabios del mundo antiguo, un tema popular en su época. En realidad, estas personas nunca se habrían conocido, porque muchas (como Aristóteles y Pitágoras) vivieron en periodos diferentes. Como modelos para estos antiguos filósofos, Rafael utilizó a genios de su propia época. En el centro, vestido de púrpura y rojo, está Leonardo da Vinci como el filósofo Platón. El artista Miguel Ángel está al frente (apoyando la cabeza en su mano) como Heráclito, otro gran pensador. Esta pintura es también un excelente ejemplo de perspectiva. Fíjate en cómo los arcos del vestíbulo se hacen más pequeños conforme más lejos están.

👁 Los artistas perfeccionan la perspectiva en la pintura. Ve a la página 118 para ver cómo comenzaron.

EL MATAGIGANTES

MIGUEL ÁNGEL, DAVID, 1501-1504

Miguel Ángel fue un artista de gran talento, famoso por sus pinturas y esculturas. Era tan querido que se convirtió en el primer artista **occidental** del que se escribió una biografía en vida. Su enorme *David* fue tallado para la catedral de Florencia. Debía ir en lo alto de una iglesia, pero, cuando los funcionarios vieron la obra acabada, pensaron que merecía estar en la Plaza de la Señoría. Al igual que Donatello (sala 65), Miguel Ángel se inspiró en la escultura griega antigua y utilizó este estilo en sus obras. La inspiración de esta escultura se encuentra en la historia bíblica de David y Goliat. En la imagen vemos a David sujetando una honda para derribar al gigante.

SABÍAS QUE…

Miguel Ángel esculpió y pintó muchas obras de arte para la familia Médici. Eran banqueros y comerciantes que se enriquecieron y gobernaron Florencia durante casi trescientos años. También eran grandes amantes del arte y compraron obras de Rafael, Botticelli, Leonardo da Vinci y muchos otros artistas. La familia llegó a ser muy poderosa en Europa y entre sus miembros hubo cuatro papas y dos reinas francesas. El *David* de Miguel Ángel no se hizo para los Médici, pero sí que poseían el *David* de Donatello que ya has visto en la sala anterior.

TIEMPO EN FAMILIA

LAVINIA FONTANA, RETRATO DE BIANCA DEGLI UTILI MASELLI CON SUS SEIS HIJOS, H. 1565-1614

Lavinia Fontana fue una de las primeras mujeres de Europa en hacer carrera como artista. Se mantenía a sí misma y a su familia con las ventas de sus cuadros y su marido trabajaba como asistente. En sus inicios se dedicaba a realizar retratos por encargo de personas de su ciudad natal, Bolonia, pero pronto su reputación se extendió por toda Italia. Incluso pintó obras para la corte papal, incluido el propio papa. Este retrato familiar muestra a una mujer de la nobleza con sus seis hijos y sus mascotas. Los cinco hijos llevan el mismo vestuario, pero la hija lleva uno distinto. Los detalles de sus prendas **bordadas** muestran lo especiales que eran las telas en la vida real.

SALA 67

RETRATOS DEL RENACIMIENTO DEL NORTE

¡Quiero un retrato!

El Renacimiento del Norte abarca Países Bajos, Flandes (la actual Bélgica) y Alemania. Los artistas se inspiraron en los italianos y en el arte gótico, pero querían que sus obras fuesen más realistas. Lo lograron gracias a sus nuevos métodos para mezclar la pintura. Esto les permitió mostrar detalles y acumular capas de color. Las pinturas eran tan realistas que cada vez más gente compraba retratos para colgar en sus casas.

UN RETRATISTA REAL

HANS HOLBEIN EL JOVEN, LOS EMBAJADORES, 1533

Hans Holbein el Joven era conocido por sus retratos increíblemente realistas. También fue uno de los artistas favoritos del rey Enrique VIII. Este cuadro muestra a dos embajadores franceses rodeados de símbolos del cielo y la tierra. Y, si miras el cuadro desde un cierto ángulo, el objeto pintado en primer plano, en la parte inferior, es una calavera.

➕ **HAZ ZOOM**

VIDA MATRIMONIAL

JAN VAN EYCK, EL MATRIMONIO ARNOLFINI, 1434

El artista holandés Jan van Eyck era capaz de mostrar detalles con gran maestría en sus pinturas al óleo. En este retrato vemos a un matrimonio adinerado, probablemente en su casa, y aparecen con su perro, símbolo de lealtad. En el espejo del fondo se puede apreciar un autorretrato del propio van Eyck. Utilizó muchas capas de pintura para que los colores de la piel y las texturas de los objetos de la habitación tuviesen una apariencia muy real.

UN SELFI MALHUMORADO

ALBERTO DURERO, AUTORRETRATO, 1500

El pintor y **grabador** alemán Alberto Durero viajó por Europa inspirándose en artistas del norte de Europa y de Italia. Estudió cómo pintar personas y utilizaba la perspectiva en sus cuadros. Este oscuro autorretrato muestra al artista a la edad de veintiocho años, en un estilo que nos recuerda a muchas pinturas de Cristo.

❓ SABÍAS QUE...

Alberto Durero solía poner sus iniciales en sus obras para que la gente supiera que eran suyas. Cuando sus cuadros se hicieron famosos, algunos artistas ponían el símbolo «AD» en sus propias obras para venderlas. Una vez tuvo que llevar a un artista a los tribunales para que dejara de hacerlo.

UNA ARTISTA EN ACCIÓN

CATHARINA VAN HEMESSEN, AUTORRETRATO ANTE EL CABALLETE, 1548

Este es el primer ejemplo de autorretrato en el que un artista se retrata pintando. La artista flamenca Catharina van Hemessen se pintó a sí misma con un vestido más elegante que el que hubiera llevado de verdad mientras trabajaba; lo hizo para mostrar su buena posición en la sociedad. El texto de la parte superior nos dice que tenía veinte años. Lo más probable es que van Hemessen aprendiera a pintar con su padre, ayudándole con los cuadros religiosos. Más tarde, pasó a pintar pequeños retratos de mujeres. A la gente le fascinaba el realismo de sus retratos y pronto realizó obras para importantes mecenas, como la gobernadora de los Países Bajos, María de Hungría.

👁 ¿Puedes encontrar en esta Ala otros cinco cuadros que muestren a artistas mientras pintan o dibujan?

SALA 68
RETABLOS DEL RENACIMIENTO DEL NORTE
Un despliegue impresionante

Un retablo es una obra de arte que se sitúa detrás del altar en una iglesia cristiana. Puede estar formado por uno o más cuadros o esculturas que suelen mostrar escenas de la Biblia y, a veces, se divide en secciones.

En general, los del norte de Europa son unos paneles unidos que se pueden cerrar sobre sí mismos. Los reversos de los paneles también están pintados, para que sigan siendo llamativos aun estando cerrados.

NO TRAMAN NADA BUENO
JHERONIMUS BOSCH, EL BOSCO, TRÍPTICO DEL CARRO DE HENO, H. 1500-1505

Los cuadros del Bosco eran muy imaginativos. Pintó paisajes fantásticos plagados de personas y criaturas inventadas. El *Tríptico del carro de heno* muestra la historia de la humanidad a través de tres paneles (un tríptico es una obra dividida en tres partes). La izquierda muestra la creación del ser humano según la Biblia. En el centro aparecen personas que se comportan mal, lo que les conduce al espantoso mundo del más allá en el panel de la derecha.
En esta escena podemos ver hombres-serpiente, ratas aladas y otras criaturas salvajes.

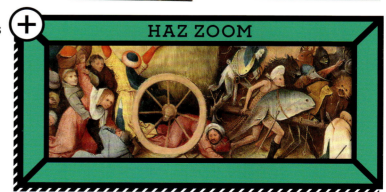
HAZ ZOOM

124 El mejor museo del mundo

ALTAR DE GANTE

JAN Y HUBERT VAN EYCK, RETABLO DE LA ADORACIÓN DEL CORDERO MÍSTICO, 1423-1432

Las doce escenas de este enorme retablo no siempre tienen continuación a través de los paneles y las figuras también varían de tamaño según la escena. Por este motivo, los historiadores creen que es posible que en un principio los paneles no se hicieran para formar parte del mismo retablo. Cada escena representa diversas actividades. En los paneles superiores vemos a la Virgen María, Cristo y Juan el Bautista, pero, en otras secciones, aparece un organista y retratos de personas reales de la época de los van Eyck. Por su gran colorido y realismo se considera que es uno de los mejores ejemplos de pintura renacentista del norte.

¿Puedes encontrar otras obras de Jan van Eyck en esta galería?

SABÍAS QUE...

A este retablo de Gante (Bélgica) le ha pasado de todo. Estuvo a punto de ser destruido en un incendio en el siglo XVI y ha sido robado más veces que cualquier otra obra de arte en la historia, por ejemplo, por el ejército de Napoleón durante la Revolución francesa, siendo expuesto en el famoso Museo del Louvre de París. En 1934, robaron el panel inferior derecho, llamado *Los Jueces Justos*, y aún hoy sigue desaparecido. El panel que ves aquí es una copia. El último robo se produjo en 1942, durante la Segunda Guerra Mundial: los nazis lo robaron, lo escondieron en unas minas de sal y no se volvió a encontrar hasta 1945.

PINTURA HISTÓRICA
Relatos pictóricos

SALA 69

La pintura histórica habla de hechos históricos, religiosos, mitológicos o populares. Suelen representar escenas dramáticas, en las que los artistas utilizan su imaginación para transmitir un mensaje concreto.

Desde el Renacimiento hasta el siglo XIX, este era el género principal. A este le seguían el retrato, la pintura de género, el paisaje, los animales y, por último, los **bodegones** (representaciones de objetos).

NO ENFADES A UNA DIOSA

TIZIANO, DIANA Y ACTEÓN, 1556-1559

Tiziano es uno de los grandes maestros del Renacimiento italiano. Comenzó a estudiar pintura a los diez años y creó más de seiscientas obras a lo largo de su vida. Pintó retratos y paisajes, pero es más conocido por sus coloridas pinturas históricas de escenas religiosas y mitológicas. Este cuadro muestra al cazador Acteón en su encuentro con Diana, la diosa romana de la caza, mientras ella se baña con sus sirvientes. La vemos con una tiara, a la derecha, mientras una mujer la cubre rápidamente. Diana está tan furiosa por la interrupción de Acteón que lo convertirá en ciervo. Fíjate en la columna a la izquierda de Diana. Verás el cráneo de un ciervo, que es la pista del artista sobre el destino de Acteón.

PINTURA DE GÉNERO
Cambiando de tema

SALA 70

Durante siglos, solo la iglesia y los nobles podían permitirse comprar arte. Lo hacían para que los artistas mostrasen escenas bíblicas o sirviesen como lecciones sobre moral. Pero, a medida que la gente empezó a leer más, y a saber más, querían arte sobre otros temas. La pintura de género habla de momentos de la vida cotidiana y fue muy popular. Los cuadros solían ser pequeños para que se pudieran colgar en las casas.

PINTAR CON REFRANES
PIETER BRUEGEL EL VIEJO, LOS PROVERBIOS FLAMENCOS, 1559

Pieter Bruegel el Viejo pintó muchas escenas de la vida cotidiana, incluyendo la vida de los campesinos. Sus cuadros eran muy diferentes de las pinturas históricas (mira la página anterior) y de los grandes retratos que se hacían en la época. Hay todo tipo de actividades, desde hacer la colada hasta jugar. En esta obra Bruegel utiliza una escena rural como forma creativa para ilustrar antiguos refranes neerlandeses. ¿Puedes ver a un hombre vestido con una armadura tratando de colocarle un cascabel a un gato en la parte inferior izquierda? Representa el refrán que dice: «¿quién le pone el cascabel al gato?», es decir, quién tiene valor para afrontar una tarea difícil. Este cuadro tiene más de cien pequeños mensajes ocultos, que esperan ser descubiertos.

GALERÍA N
Pintura europea 1600-1850

Estamos en un momento crucial en la historia del arte occidental. Los artistas perfeccionaron su técnica, crearon nuevas reglas que luego rompieron y se plantearon qué historias nuevas podían contar...

A medida que crecemos y aprendemos, las cosas que más nos gustan no suelen ser las mismas. Cuando eras más pequeño, seguramente te encantaba jugar con muchos juguetes que ahora ya no te entusiasman tanto. Entre el siglo XVII y mediados del XIX se produjeron cambios de este tipo en el arte. Los artistas crearon nuevos movimientos, es decir, estilos artísticos diferentes. En las siguientes salas, verás movimientos que defienden diferentes opiniones sobre cómo debe ser el arte.

Pero los artistas siempre están aprendiendo y evolucionando, como tú. En esta galería comprobarás que los estilos artísticos pueden cambiar en un periodo de tiempo muy corto. A veces, incluso se pueden producir diferentes movimientos al mismo tiempo. Prepárate para realizar un viaje fascinante y conocer increíbles movimientos artísticos.

SALAS 71-77

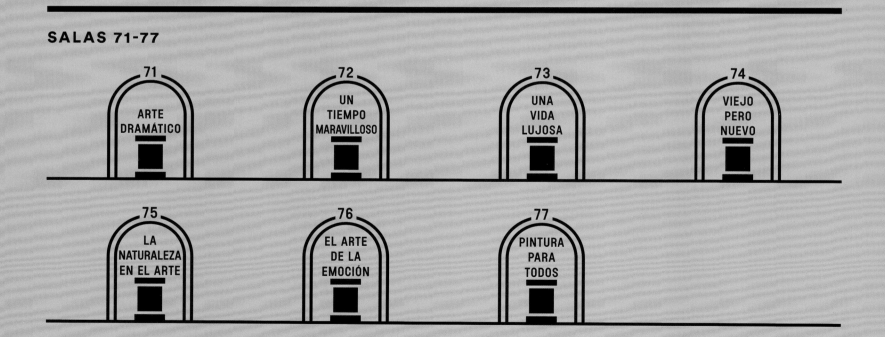

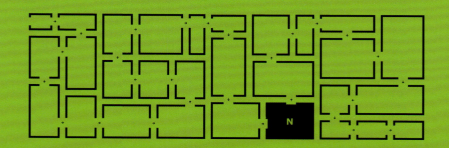
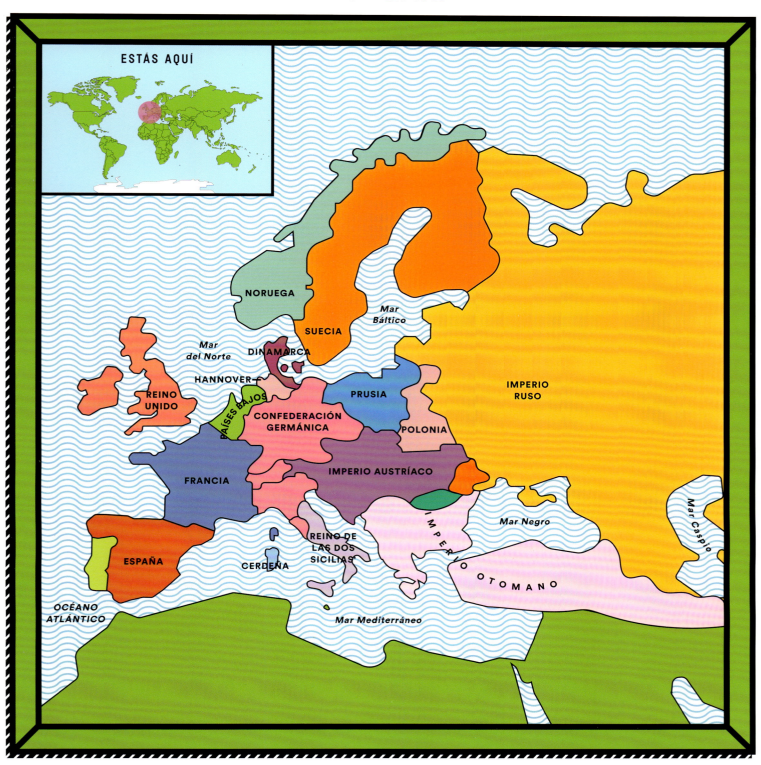

Pintura europea 1600-1850

BARROCO
Arte dramático

SALA 71

El barroco comienza hacia el 1545, cuando la Iglesia buscaba que las pinturas tuviesen un aspecto realista y dramático para dar difusión a las ideas cristianas. Para que las escenas fueran más teatrales, los artistas pintaban sombras oscuras y resaltaban zonas para que parecieran iluminadas por la luz de una vela. Incluso los que no pintaban para la Iglesia empleaban esta técnica, así que el arte europeo se volvió más teatral que nunca.

RETRATAR A UNA PRINCESA
DIEGO VELÁZQUEZ, LAS MENINAS, 1656

Diego Velázquez fue un pintor oficial de la corte real española muy famoso por sus retratos. En *Las Meninas*, Velázquez se pintó a sí mismo en su estudio dentro del Palacio Real. En la sala vemos a la infanta Margarita Teresa y sus numerosos sirvientes. ¿Te has dado cuenta de que todo el mundo te mira? Es como si formaras parte del cuadro. Si estuvieras en la sala, estarías en la posición del rey y la reina, a quienes vemos reflejados en el espejo del fondo.

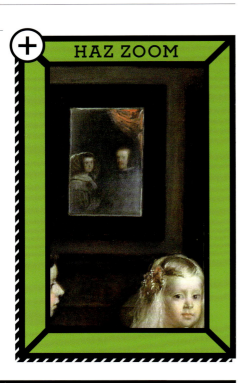

HAZ ZOOM

ARROJADO AL ABISMO
ELISABETTA SIRANI, TIMOCLEA MATANDO AL CAPITÁN DE ALEJANDRO MAGNO, 1659

Un soldado griego agredió y trató de robar a una mujer llamada Timoclea, pero esta le engañó y lo arrojó a un pozo. Después lanzó piedras sobre su cabeza. La artista Elisabetta Sirani pintó muchas escenas como esta, mostrando a mujeres valientes. También enseñó a otras pintoras.

UN GENIO FURIOSO
MICHELANGELO MERISI DA CARAVAGGIO, NIÑO MORDIDO POR UN LAGARTO, 1595-1600

Caravaggio fue un rebelde dentro del mundo del arte. Se metía en peleas y tenía muy mal genio, pero la gente seguía comprando sus obras porque le encantaba la forma en que mostraba las emociones. ¡La cara del niño refleja el dolor que produce una mordedura de lagarto!

UN MAL CORTE DE PELO

PEDRO PABLO RUBENS, SANSÓN Y DALILA, H. 1609

Rubens es conocido por sus pinturas históricas, que utilizan colores vivos y muestran personas en posturas llenas de energía. En este cuadro vemos a Sansón, un personaje bíblico famoso por su increíble fuerza. Pero sus poderes tenían un secreto: ¡su fuerza provenía de su larga melena! Aquí Rubens representa el momento en el que Dalila, la mujer a la que Sansón amaba, le traiciona, y le corta el pelo mientras duerme.

> **SABÍAS QUE…**
>
> El **claroscuro** es una técnica que consiste en contrastar luces con sombras para dar mayor dramatismo a una escena. El término procede de dos palabras italianas, *chiaro* (claro) y *scuro* (oscuro) y fue muy utilizado en el Barroco.

LOS DIOSES DUERMEN

ARTEMISIA GENTILESCHI, VENUS Y CUPIDO, H. 1625-1627

Artemisia Gentileschi estudió pintura con su padre, Orazio Gentileschi, en Roma. Tras mudarse a Florencia, alcanzó gran éxito con la venta de sus pinturas de historia. En muchas de ellas aparecían heroínas que se enfrentaban a los hombres, pero en esta vemos a la diosa del amor, Venus, durmiendo, con su hijo Cupido al lado. Es probable que fuese una petición de algún cliente importante.

👁 Cupido y Venus eran temas populares en el arte. Puedes ver otras obras en las que aparecen en las páginas 45, 49 y 118.

Pintura europea 1600-1850

SALA 72 — LA EDAD DE ORO HOLANDESA
Un tiempo maravilloso

Ojalá pudiéramos vivir en una edad de oro como la que vivieron los holandeses del siglo XVII. Eran grandes artistas, comerciantes y científicos. Los pintores utilizaron el realismo y el dramatismo del estilo barroco, pero no se limitaron a los temas religiosos. Les gustaban especialmente la pintura de género (sala 70) y los **bodegones**, que podían estar repletos de significados ocultos y empleaban nuevas técnicas para mostrar su habilidad.

FLORES PARA SIEMPRE
RACHEL RUYSCH, BODEGÓN CON FLORES Y FRUTAS, 1707

PINTURAS SOBRE LA PINTURA
JOHANNES VERMEER, EL ARTE DE LA PINTURA, H. 1666-1668

La pintura de bodegones con alimentos y flores estuvo de moda durante el Siglo de Oro holandés. Este tema sirvió a pintoras como Rachel Ruysch para demostrar su habilidad para pintar texturas y todo tipo de detalles. El padre de Ruysch estudiaba las plantas, por lo que desde muy joven aprendió a arreglar y pintar flores. Utilizaba fondos oscuros en sus cuadros, lo que ayudaba a resaltar el colorido de las flores. Entre los pétalos y las enredaderas de sus cuadros, también se pueden encontrar escarabajos, mariposas y otros insectos.

👁 ¡Busca otro bodegón holandés en la cafetería!

Vermeer solía pintar cuadros en los que la luz del sol se colaba por una de las ventanas de la estancia e iluminaba la escena. ¿Ves las suaves ondulaciones del tapiz de la pared y el brillo del candelabro? Esta pintura demuestra la habilidad de Vermeer para pintar la luz, las sombras y su incidencia sobre diferentes tipos de superficies. El suelo, que parece un tablero de ajedrez, también es un ejemplo de su dominio de la perspectiva: la forma de las baldosas proporciona profundidad a la escena.

👁 ¿Has visto otro candelabro en esta Ala?

LA IMPORTANCIA DE LA LUZ

REMBRANDT VAN RIJN, LA RONDA DE NOCHE, 1642

Autor de más de cien autorretratos, Rembrandt fue un pintor muy famoso entre las personas adineradas de Ámsterdam. *La ronda de noche* es un cuadro de gran formato que parece una escena histórica, pero en realidad es un retrato de grupo. En él vemos una unidad militar en acción, un grupo de hombres a los que se recurría para defender una ciudad o acabar con unos disturbios. Rembrandt ilumina a los líderes para que destaquen sobre las demás figuras del grupo. El manejo de la luz permite a los artistas mostrar quién es importante en un cuadro y dónde debemos centrar nuestra atención.

HAZ ZOOM

UNA PINTURA MUSICAL

JUDITH LEYSTER, NIÑO TOCANDO LA FLAUTA, 1630

Esta pintura parece tan realista que casi se puede oír la flauta. Judith Leyster pintó muchas escenas de género, llenas de personas sonrientes o entretenidas con música y juegos. Era tan hábil que fue una de las primeras mujeres aceptadas como miembro del famoso Gremio de san Lucas en Haarlem, Países Bajos. Antiguamente, algunos oficios, como el de pintor o el de médico, exigían que la gente se uniera a un gremio antes de poder trabajar. Tras su incorporación, Leyster dirigió su propio taller de pintura, enseñando a otros artistas. Hasta el siglo XVII, la mayoría de los artistas aprendían su oficio trabajando en un taller. Aunque tuvo éxito en vida, esta pintura cayó en el olvido durante mucho tiempo después de su muerte y es que algunos de sus cuadros se atribuyeron, erróneamente, a otros artistas, como su marido, Jan Molenaer, que tenía un estilo similar.

👁 ¿Puedes encontrar otras once artistas en esta Ala?

Pintura europea 1600-1850

ROCOCÓ
Una vida lujosa

SALA 73

El rococó es diversión. Antes de que apareciese este movimiento en Francia, el rey Luis XIV construyó el Palacio de Versalles a donde trasladó su corte. También estableció muchas reglas sobre cómo se debía comportar la gente y cómo debía ser el arte que no eran tan divertidas. Cuando el rey murió, estas normas desaparecieron y surgió el rococó, una celebración de la vida apacible, ociosa y despreocupada de la clase alta francesa.

UN RETRATISTA FAMOSO

THOMAS GAINSBOROUGH, IGNACIO SANCHO, 1768

A Gainsborough le gustaba pintar paisajes, pero se ganaba la vida vendiendo retratos. Este es el único retrato conocido de Ignacio Sancho, escritor, compositor y abolicionista (una persona que está a favor de acabar con la esclavitud). Cuando se conocieron, Gainsborough pintaba retratos para la familia para la que Sancho trabajaba como criado. ¡Pintó el cuadro en tan solo una hora y cuarenta minutos! Gainsborough fue miembro fundador de la Royal Academy de Londres e Ignacio Sancho fue el primer hombre negro en votar en unas elecciones británicas.

RETRATOS AL PASTEL

ROSALBA CARRIERA, AUTORRETRATO, 1715

En el siglo XVIII, los retratos al pastel se hicieron muy populares gracias a Rosalba Carriera. Estas pinturas son similares a los lápices de colores, pero el pigmento se mezcla con aceites o goma en vez de cera y así se consigue un aspecto suave y empolvado. Carriera comenzó pintando retratos en Venecia y gustaron tanto a los turistas que pudo trasladarse a París para trabajar. Entre sus clientes estaban la familia real francesa y nobles de toda Europa. En este cuadro, se muestra a sí misma dibujando un retrato de su hermana y asistente, Giovanna.

ESCENAS DULCES
JEAN-HONORÉ FRAGONARD, EL COLUMPIO, 1767

Fragonard es famoso por sus pinturas románticas. Esta escena está pintada con los suaves colores del algodón de azúcar, típicos del arte rococó y en ella vemos a una pareja de clase alta divirtiéndose en el bosque. La mujer se balancea tan alto que su zapato ha salido disparado.

UNA FIESTA CON ENCANTO
JEAN-ANTOINE WATTEAU, EMBARQUE PARA CITERA, 1718

Mientras Jean-Antoine Watteau estudiaba en la Real Academia Francesa creó unos cuadros tan especiales que la academia buscó una nueva categoría para catalogarlos. Se llamaban *fêtes galantes* (fiestas galantes) y solían ser escenas de gente adinerada divirtiéndose. Este cuadro muestra la isla de Citera, hogar de Afrodita, la diosa del amor en la mitología clásica. La pintura azul utilizada era un color recién inventado llamado azul de Prusia. Se trataba de una sustancia mucho más barata que otras elaboradas con pigmentos más caros, como el lapislázuli.

HAZ ZOOM

HAZ ZOOM

Pintura europea 1600-1850

SALA 74

NEOCLASICISMO
Viejo pero nuevo

Neo significa «nuevo» en griego. El término clasicismo se refiere al arte griego y romano antiguo de modo que el neoclásico es una nueva versión de esos estilos. Este movimiento comenzó en el siglo XVIII, cuando los artistas empezaron a viajar por Europa, quedando fascinados por las historias y el arte descubierto en antiguas ciudades sepultadas bajo ceniza volcánica. Las historias y el estilo clásicos dieron pie a un arte nuevo.

NAPOLEÓN COMO UN DIOS
JEAN-AUGUSTE-DOMINIQUE INGRES, NAPOLEÓN I EN SU TRONO IMPERIAL, 1806

Ingres estudió arte con el principal artista del neoclasicismo, Jacques-Louis David (página siguiente). Este retrato de Napoleón Bonaparte está inspirado en obras de arte famosas, como una antigua estatua del dios griego Zeus. La postura es similar a la de un cuadro de Dios pintado por Jan van Eyck (pág. 125).

UNA REINA DE LA MODA
ÉLISABETH LOUISE VIGÉE LE BRUN, MARÍA ANTONIETA CON UNA ROSA, 1783

El estilo neoclásico se popularizó durante el reinado de Luis XVI y la reina María Antonieta de Francia. A la reina le encantaban los vestidos elegantes y, a veces, ¡llevaba peinados tan altos como un niño pequeño! Le gustaban mucho los cuadros de Vigée Le Brun y le encargó más de treinta retratos de ella y sus hijos. En esta pintura vemos a la reina vistiendo finas sedas como gesto de apoyo a los fabricantes de seda franceses. Vigée Le Brun pintó más de seiscientos retratos y doscientos paisajes para la realeza y para actores y escritores famosos.

IMAGINANDO UN VOLCÁN EN ERUPCIÓN

JOSEPH WRIGHT OF DERBY, VESUBIO VISTO DESDE PORTICI, 1774-1776

Las pinturas de volcanes de este pintor eran tan impactantes que la gente podía imaginar cómo era la lava incandescente que escupía la montaña. Wright visitó Nápoles, donde se encuentra el volcán del Monte Vesubio, pero nunca fue testigo de su erupción. Fue hace más de 2000 años cuando el Vesubio entró en erupción, sepultando la ciudad de Pompeya bajo una capa de ceniza. Esta capa permitió conservar los mosaicos y pinturas murales que puedes ver en la galería romana (pág. 46).

EL DEBER, EL HONOR Y LA REVOLUCIÓN

JACQUES-LOUIS DAVID, EL JURAMENTO DE LOS HORACIOS, 1784

El mejor representante del estilo neoclásico fue Jacques-Louis David. Realizó obras que mostraban su apoyo a la Revolución francesa y más tarde pintó retratos heroicos del emperador Napoleón Bonaparte. Gran parte de su obra muestra historias de la mitología clásica, pero las vincula con sus ideas acerca del gobierno francés. Este cuadro refleja la antigua leyenda romana de tres hermanos que fueron valientemente a la guerra para servir a Roma. La escena simboliza la lealtad a la patria.

UNA PINTURA SOBRE EL DIBUJO

ANGELICA KAUFFMANN, DISEÑO, H. 1778-1780

En este cuadro, Angelica Kauffmann muestra una mujer que dibuja una escultura para representar la idea de «diseño». Muchos artistas de esta época aprendieron a dibujar haciendo bocetos de esculturas. Kauffmann fue una de las dos mujeres del grupo de artistas que fundó la Royal Academy of Arts de Londres en 1768.

SABÍAS QUE…

A partir del siglo XVII, las **academias de arte** se convirtieron en los centros de formación para los artistas. Durante muchas décadas el neoclasicismo fue el estilo preferido en estas escuelas.

PAISAJISMO
La naturaleza en el arte

Durante años, las academias europeas insistieron en que los paisajes eran temas menos importantes que los de la pintura histórica. Sin embargo, algunos artistas siguieron pintando paisajes. Desde finales del siglo XVIII, artistas como J.M.W. Turner y John Constable pintaron paisajes y marinas tan especiales que lograron llamar la atención del público. Otros artistas desarrollaron sus propios estilos de paisaje y también se hicieron famosos.

NUBES MELANCÓLICAS
JOHN CONSTABLE, TORMENTA DE LLUVIA SOBRE EL MAR, 1824

Hay dos temas fundamentales en la obra de John Constable: los paisajes y las nubes. El artista británico pintó y dibujó muchas nubes, mostrando la forma en que se desplazaban y el aspecto que podían tener según el tiempo. En esta imagen vemos oscuros y gruesos trazos de gris y negro sobre el mar. Por las líneas y la dirección de las pinceladas, está claro que Constable nos está mostrando una terrible tormenta.

👁 Si te gustan las tormentas, echa un vistazo al cuadro que encontrarás en el jardín en la página 155.

PAISAJES AMERICANOS
ROBERT DUNCANSON, BLUE HOLE, EN EL RÍO LITTLE MIAMI, 1851

No solo los artistas europeos creaban increíbles pinturas de paisajes. Robert Duncanson fue un pintor de paisajes afroamericano que trabajó durante la época de la esclavitud en Estados Unidos. Como era libre, pudo viajar a Europa, donde encontró inspiración en cómo los europeos pintaban la naturaleza. Formó parte de la llamada Escuela del Río Hudson, que era un movimiento y no una escuela. Estos artistas realizaron grandes paisajes de la geografía estadounidense, sobre todo de montañas espectaculares y ríos sinuosos. Duncanson pintó en más de una ocasión este apacible tramo de un río cercano a su casa familiar en Ohio.

UNA EDAD MODERNA

J.M.W. TURNER, EL TEMERARIO, REMOLCADO A SU ÚLTIMO ATRAQUE PARA EL DESGUACE, 1838

Joseph Mallord William Turner empezó su carrera en la Royal Academy de Londres con solo catorce años. Le gustaba pintar la naturaleza que veía, así que siempre salía con sus pinturas, sin importarle el tiempo o la hora del día. Incluso se cuenta que se hizo atar a un barco durante una tormenta para poder experimentar las olas. Sus pinceladas son intencionadamente desordenadas y utiliza colores vibrantes para mostrar cómo cambia la luz a lo largo del día. Su estilo sirvió de inspiración a los impresionistas (sala 87). Este cuadro de un viejo barco de guerra y un remolcador de vapor representa cómo el mundo se estaba modernizando y el sol ocultándose es un símbolo de que las viejas costumbres están llegando a su fin.

HAZ ZOOM

ROMANTICISMO
El arte de la emoción

Los artistas del Romanticismo buscaban transmitir y mostrar sus sentimientos a través del arte. En sus cuadros aparecen personas expresando emociones como miedo, valentía, amor o tristeza, pero también maravillosos paisajes. No se preocupaban por ocultar sus pinceladas como lo hacían los neoclásicos (sala 74) ya que para ellos los trazos visibles eran una prueba de las emociones con las que trabajaban.

A LA DERIVA

THÉODORE GÉRICAULT, LA BALSA DE LA MEDUSA, 1819

En 1816 un barco llamado *Medusa* naufragó frente a las costas de África. No había suficientes botes salvavidas para todos, así que los que no encontraron sitio en uno se construyeron una balsa. Durante trece días, los 150 hombres del pequeño bote lucharon por sus vidas. La mayoría cayeron por la borda o murieron de hambre y solo diez sobrevivieron. Este enorme cuadro muestra el momento en el que divisan un barco en la distancia. Un miembro de la tripulación, llamado Jean Charles, agita al viento su camisa esperando que los rescaten. ¿Puedes percibir los sentimientos de emoción, desesperación y angustia en sus rostros?

SABÍAS QUE...

En la literatura, el Romanticismo inspiró historias como los cuentos de hadas de los hermanos Grimm, publicados en 1812. Entre ellas, están las de *Hansel y Gretel* y *Cenicienta*.

REALISMO EUROPEO
Pintura para todos

SALA 77

Las academias de arte adoraban las reglas, pero, con el tiempo, los artistas se sintieron limitados por las estrictas ideas sobre la pintura de temas históricos y mitológicos. Así, en el siglo XIX, surgió el movimiento realista europeo. Los artistas querían mostrar escenas más reales que las historias de diosas y reyes y pintaron a gente trabajando duro, reflejando las dificultades de los pobres y enseñando la vida auténtica de las personas.

PINTAR LA VIDA REAL
GUSTAVE COURBET, EL TALLER DEL PINTOR, 1854-1855

Courbet pintaba lo que podía ver con sus ojos, no escenas mitológicas. Esta idea hizo que los retratos de las vidas de personas trabajadoras fuesen tan importantes como la pintura histórica o los retratos de la nobleza. En este enorme cuadro, vemos al artista trabajando en su estudio. A la izquierda hay retratos de campesinos y trabajadores y a la derecha de sus amigos. Según sus propias palabras, muestra «el mundo entero que viene a mí para que lo pinte».

EN EL CAMPO
ROSA BONHEUR, LA SIEGA DEL HENO EN AUVERNIA, 1855

Esta escena de la vida rural ganó una medalla de oro durante la Feria Mundial de París de 1855. Rosa Bonheur era tan valiente como buena pintora. No le importaba lo que pensaran de que viviera con su novia o se vistiera con ropa de «hombre». Le gustaba llevar pantalones cuando asistía a las ferias de ganado, entre otras razones, porque decía que iba más cómoda.

Pintura europea 1600-1850

GALERÍA O
Arte del Pacífico

El Pacífico Sur está formado por miles de islas, que se dividen en grupos más pequeños: Melanesia, Polinesia y Micronesia. En esta galería verás algunas obras de esta región, desde gigantescas estatuas de piedra hasta pequeñas piezas de arte espiritual.

Hace mucho tiempo, cuando el nivel del mar era más bajo, la gente navegaba desde el sudeste asiático hacia las islas del Pacífico. Viajaban de una isla a otra y algunas las convertían en su hogar. Sus leyendas y técnicas artísticas se transmitían oralmente de generación en generación.

Los nativos de estas islas hablaban (y aún hablan) muchas lenguas y tienen culturas y estilos artísticos únicos. Algunos objetos de piedra y madera todavía se conservan, pero otros, más delicados, como los elaborados con tela de araña o flores, han desaparecido. Piensa en un muñeco de nieve: siempre será algo especial, aunque su destino sea desaparecer. Por este motivo, las piezas que se conservan de esta región no son tan antiguas como las que vemos en otras galerías.

Su arte incluye imágenes de dioses, espíritus y antepasados de los pueblos de la región. Entra en esta galería para ver cómo sus obras ayudaron al ser humano a conectar con el mundo de los espíritus.

SALAS 78-79

78
UN MAR DE ISLAS

79
CONEXIONES TALLADAS

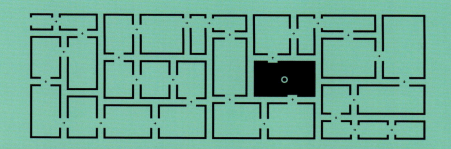
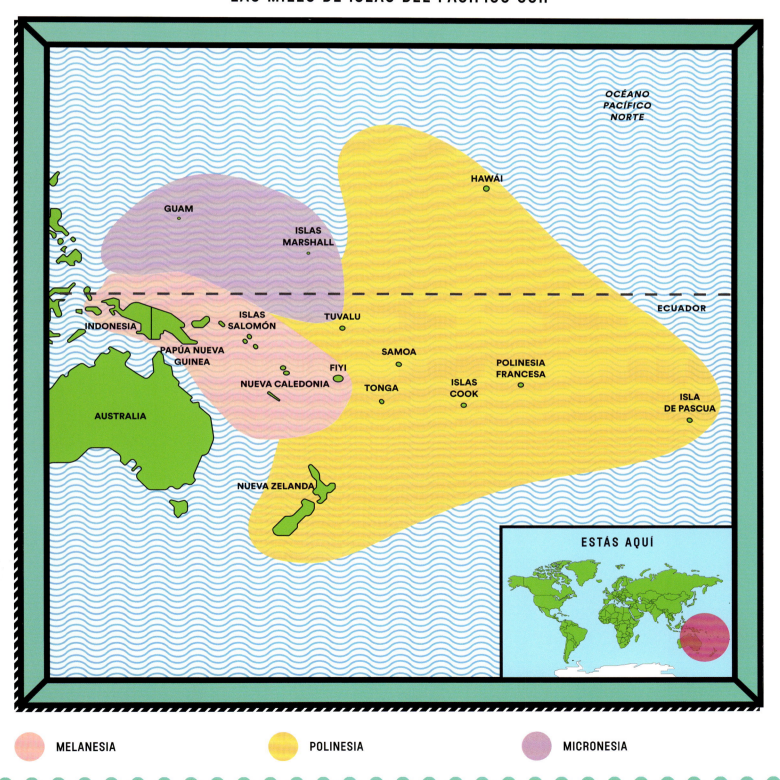

Arte del Pacífico

SALA 78

POLINESIA Y MICRONESIA
Un mar de islas

Si en un mapa dibujas un círculo alrededor de Polinesia y Micronesia, ¡dentro de él tendrás más islas de las que podrías contar! Entre ellas están Hawái, Nueva Zelanda y la isla de Navidad. Algunas culturas nativas creen en el *mana*, un poder que tienen personas importantes, como guerreros o jefes, aunque también se encuentra en objetos, por ejemplo en algunas esculturas. El *mana* está protegido por unas reglas espirituales llamadas *tapu*.

ANTEPASADOS SAGRADOS
ESTATUAS MOAI, H. 1100-1650

Estas grandes estatuas de piedra, llamadas *moai*, de la cultura Rapa Nui (Isla de Pascua), están talladas en ceniza volcánica endurecida. Se colocaban sobre unas plataformas sagradas, llamadas *ahu*, y servían para honrar a los jefes, antepasados o clanes. Los nativos creían que las esculturas podían ayudar a transmitir el *mana* de los antepasados a sus líderes. Las cabezas eran grandes porque, para ellos, era la parte del cuerpo con más *mana*. Los ojos tenían conchas marinas o piedras en su interior y algunas estatuas estaban pintadas.

UNA PUERTA SAGRADA
DINTEL DE UNA PUERTA, H. 1850

Un dintel es la pieza horizontal que se coloca sobre el vano de una puerta o ventana. En toda Polinesia y Micronesia se hacían dinteles especialmente tallados para las puertas de los lugares sagrados. Estos dinteles tienen *tapu*, es decir, señalan que algo es sagrado. Cuando una persona pasa por debajo de él, el dintel muestra que ha cruzado entre los espacios sagrados de diferentes dioses o de un espacio no religioso a uno religioso. En esta pieza vemos a Tane, el dios del bosque en la cultura maorí, y a sus hermanos, separando la Tierra y el cielo.

HAZ ZOOM

144 El mejor museo del mundo

MELANESIA
Conexiones talladas

SALA 79

En Melanesia se hablan más de mil lenguas y los estilos artísticos y los materiales que se utilizan son igual de diversos. Incluso el cuerpo humano se convierte en una obra de arte a través de la pintura o los tatuajes.

Las máscaras y las tallas servían para conectar con los antepasados y se utilizaban en danzas y rituales para honrar a sus seres queridos, mostrar respeto a los espíritus y como parte de las celebraciones funerarias.

UN BAILE DE MÁSCARAS
MÁSCARA ROM, 1800

Ambrym es una isla volcánica ¡con lagos de lava! En esta isla existe un grupo secreto, cuyos miembros llevan una máscara *rom* durante las ceremonias sagradas. Se cree que, cuando se llevan puestas, estas máscaras acogen a los espíritus de los antepasados. La larga cabellera de fibra de coco se superpone a un grueso traje de fibra que cubre el cuerpo de la persona que la lleva en los bailes. ¡Ver a estos grupos bailar tiene que ser increíble!

PROTECCIÓN DECORATIVA
ESCUDO DE UN GUERRERO, PRIMERA MITAD DEL SIGLO XIX

Este escudo procede de las Islas Salomón, al noreste de Australia. Este tipo de escudos se utilizaban en batallas y ceremonias. Este se hizo con una técnica para tejer cestas y tanto el color como las conchas blancas se añadieron después. El complicado patrón revela una forma humana sobre un diseño de color negro y rojo. Al ser tan delicado, es probable que esta pieza solo se usara para rituales, no para la guerra.

GALERÍA P
Arte africano 1300-1900

El continente africano es enorme y abarca muchos reinos, comunidades y estilos artísticos únicos. Las artes tradicionales de África ensalzan a sus líderes y cuentan las historias de sus grandes imperios y civilizaciones.

Durante milenios las culturas de toda África han utilizado madera, metal, marfil, tela y arcilla para crear arte con fines espirituales y prácticos. Los objetos pueden ser religiosos, transmitir historias sobre las familias o mostrar retratos de personas importantes, como reyes. Muchas obras son figurativas, es decir, muestran a personas o animales, mientras que otras utilizan formas y patrones abstractos que se han transmitido de generación en generación.

Para ayudarte a explorar el arte de este gran continente, en esta galería encontrarás los objetos agrupados por zonas geográficas. Fíjate bien en los temas, influencias y materiales diferentes que hay en las distintas salas. Y no olvides que también puedes ver otro estilo de arte africano en la sección del antiguo Egipto (galería C).

¡Adelante! Vamos a viajar a lo largo y ancho de África para conocer su apasionante creatividad y diversidad.

SALAS 80-84

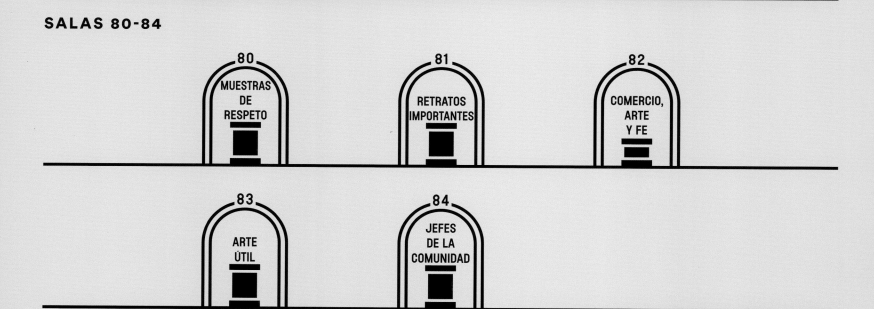

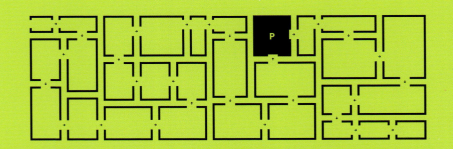

EL CONTINENTE AFRICANO

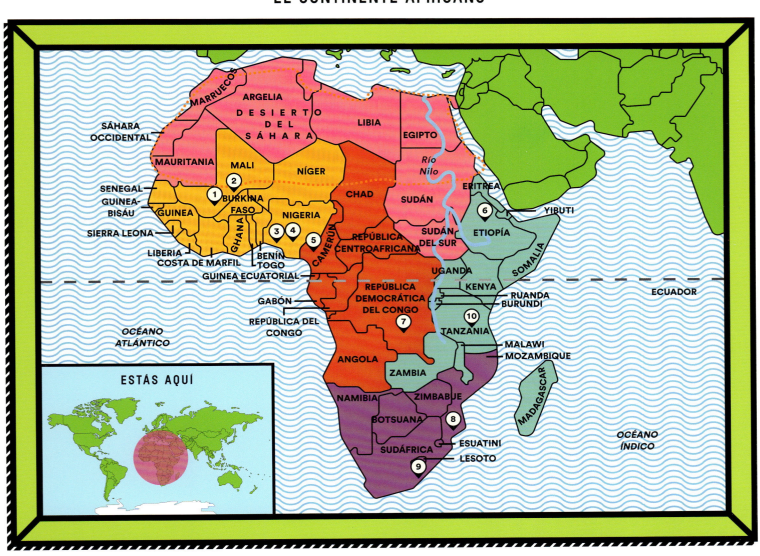

- 🔴 ÁFRICA DEL NORTE
- 🟢 ÁFRICA ORIENTAL
- 🟡 ÁFRICA OCCIDENTAL
- 🟣 ÁFRICA DEL SUR
- 🔴 ÁFRICA CENTRAL

1. PUEBLO DOGÓN
2. PUEBLO BAMBARA
3. REINO DE BENÍN
4. REINO YORUBA
5. REINO BAMUM
6. LALIBELA
7. REINO DE KUBA
8. PUEBLO TSONGA
9. PUEBLO NGUNI
10. PUEBLO HEHE

Arte africano

SALA 80

ÁFRICA OCCIDENTAL
Muestras de respeto

África Occidental ha sido el hogar de grandes reinos y culturas ¡y muchos siguen existiendo hoy en día! Entre ellos, la cultura yoruba y el pueblo de Benín, que tallaba esculturas de bronce y madera para honrar a personas importantes. La cultura dogón realizaba esculturas de dioses para proteger a ciertos grupos, como los cazadores. Su arte ensalza a todo tipo de líderes poderosos, desde reyes hasta madres.

UN REY YORUBA
ONI, SIGLO XIV-PRINCIPIOS DEL XV

Oni significa «rey» en lengua yoruba. El detallado diseño con las cuentas del traje, nos indica que se trata, en efecto, de un rey. Se cree que procede de la antigua ciudad de Ife, en el suroeste de Nigeria, donde se realizaron muchas piezas de bronce como esta. En la cultura yoruba, se cree que Ife es el lugar donde los dioses esculpieron a los primeros seres humanos empleando arcilla. ¡Fíjate en lo real que es el rostro! Es una pista de que es el retrato de un rey concreto.

HONRA A TU MADRE
MÁSCARA COLGANTE, SIGLO XVI

El reino de Benín es famoso por sus esculturas de bronce, aunque los artistas también eran hábiles trabajando otros materiales como el marfil. Esta máscara de marfil se hizo probablemente para honrar a *Iyoba Idia*, la reina madre. *Iyoba* es el nombre que recibe la reina madre en edo, la lengua de Benín. El *oba* («rey» en edo) la habría llevado para honrarla durante las ceremonias y rituales anuales.

EQUILIBRIO PERFECTO
PAREJA SENTADA, SIGLOS XVI-XIX

Esta escultura de Mali es un ejemplo de equilibrio y simetría. ¿Puedes ver las similitudes entre las dos figuras? En la espalda, la mujer (izquierda) lleva un bebé y el hombre (derecha) un portaflechas. Las dos figuras son diferentes, pero tienen el mismo tamaño, forma y postura, es decir, que están equilibradas, al igual que las funciones de los hombres y las mujeres en su comunidad. Este tipo de esculturas se exhiben en los funerales de hombres importantes de la cultura dogón (Mali y Burkina Faso).

ESTATUAS CEREMONIALES
GWANDUSU, SIGLOS XV-XX

Un *gwandusu* es una figura poderosa. En la cultura bambara de Mali se cree que ayuda a las mujeres a tener hijos y por eso lo vemos con un bebé. También es símbolo de belleza y buen carácter. ¡Pero también es fuerte! Aunque las mujeres bambaras tradicionalmente no salían a cazar, estas figuras a menudo llevan un cuchillo y un sombrero de caza. Los *gwandusu* se exhibían durante las ceremonias de una sociedad bambara llamada Jo.

ÁFRICA CENTRAL
Retratos importantes

SALA 81

¡El arte es un asunto serio! En algunas partes de África Central, los objetos tradicionales se utilizaban para llegar a acuerdos, registrar la historia o mostrar el poder de una persona. El arte de esta zona incluye esculturas de madera y máscaras decoradas con hojas, cuentas y conchas de cauri. Estas pequeñas conchas eran una señal de que una persona era rica e incluso se utilizaron como dinero en algunas partes de África y Asia.

UN DOBLE REAL
N'DOP, REY NYIM MISHÉ MISHYÁÁNG MÁMBÚL, SIGLO XVIII

¿Alguna vez has deseado estar en más de un sitio a la vez? En el reino de Kuba, el rey tenía su propia solución para este problema. Un *n'dop* era una escultura tallada del rey que lo representaba cuando él no podía estar en algún lugar. Cada escultura real como esta tiene un *ibol* colocado delante. El *ibol* es un objeto que simboliza al rey. Aquí, el tambor es el símbolo del rey Nyim Mishé miShyááng máMbúl. Esta escultura es el ejemplo más antiguo conocido de un *n'dop*.

DECORACIONES DE PODER
MÁSCARA REAL, ANTES DE 1880

Una máscara nos puede dar mucha información. Esta, procedente del pueblo bamum, tiene cuentas preciosas, conchas y latón, lo que significa que pertenecía a una persona adinerada. El diseño rojo en forma de araña de la corona simboliza la sabiduría, y las orejas y los ojos grandes y la boca abierta indican su relación con la realeza. Los miembros de los pueblos *kwifoyn* llevaban máscaras como esta en las danzas de las ceremonias importantes, como funerales o fiestas de la cosecha.

ARTE CRISTIANO ETÍOPE

Comercio, arte y fe

SALA 82

Viajemos al Imperio aksumita (h. 80 a.C.-940 d.C.) en las actuales Etiopía y Eritrea. Este imperio abarcaba importantes rutas comerciales por las que la gente viajaba y compartía ideas, como los bizantinos (galería F), que eran cristianos. Hacia el año 330, el rey Azana y su reino se convirtieron al cristianismo. A partir de entonces, los artistas de Etiopía realizaron impresionantes pinturas, cruces y otras obras de arte cristiano.

DIFUNDIR LA PALABRA

CRUZ PROCESIONAL, SIGLO XV

Las cruces procesionales se hacían para llevarlas durante las ceremonias religiosas. Este estilo de cruz de cobre tiene un diseño típico de la ciudad etíope de Lalibela, famosa por sus grandes iglesias talladas completamente en la roca. Esta cruz se colocaba en un palo y era llevada por los líderes religiosos mientras los fieles la seguían.

PINTAR LA VIDA DE JESÚS

LA ASCENSIÓN, EVANGELIO ILUMINADO, SIGLOS XIV-XV

Esta página pertenece a un manuscrito iluminado del pueblo etíope de amhara. La obra incluía veinte coloridas pinturas de escenas de la Biblia sobre páginas de vitela, fabricadas con pieles de animales. Los historiadores creen que las ilustraciones de este libro fueron realizadas por dos artistas que trabajaban en un monasterio. Los vivos colores y el estilo del dibujo están inspirados en diseños bizantinos (pág. 50). Esta escena muestra el momento en que Jesús subió al cielo.

👁 ¡Busca otras cuatro páginas de libros ilustrados en esta Ala!

ÁFRICA DEL SUR
Arte útil

SALA 83

Las culturas de África del Sur, como las de los nguni y los tsonga, utilizaban materiales naturales, como la madera y la arcilla, para fabricar objetos de uso cotidiano. La arcilla se podía moldear para hacer cerámica y la madera se tallaba para hacer reposacabezas u otros muebles. Pero que algo sea práctico no significa que no sea interesante. Los objetos podían tener formas de animales o presentar patrones y texturas creativas.

¡UN TORO QUE PINCHA!

RECIPIENTE PARA RAPÉ, TORO DE LARGOS CUERNOS, FINALES DEL SIGLO XIX

Ten cuidado con los pequeños pinchos al sujetar este pequeño recipiente para rapé (tabaco en polvo). Este estilo es típico del pueblo nguni de Sudáfrica. Para darle forma, el artista presionaba una mezcla de arcilla, sangre y trozos de piel de animal en un molde. Después de retirarla, añadía a mano los detalles de la piel. El orificio de la parte superior tenía originalmente un tapón.

👁 ¿Puedes encontrar otro recipiente con forma de toro en el Ala 1?

UNA ALMOHADA PROTECTORA

REPOSACABEZAS TSONGA, SIGLOS XIX-XX

Los reposacabezas se han fabricado en África desde hace miles de años y se utilizaban como almohada. Su forma también servía para proteger peinados complicados y se creía que conectaba a las personas con el mundo de los espíritus mientras soñaban. Los reposacabezas del pueblo tsonga se denominan *mhamba*, es decir, que es un objeto que sirve para conectar a las personas con los dioses.

> ❓ **SABÍAS QUE...**
>
> En la cueva de Blombos (Sudáfrica), los arqueólogos desenterraron un taller de pintura que se cree que tiene unos 100 000 años de antigüedad. Podría tratarse del arte más antiguo conocido, de la época cuando los primeros seres humanos vivieron en África.

ÁFRICA ORIENTAL Y MADAGASCAR
Jefes de la comunidad

SALA 84

Los países de África Oriental se extienden por la costa del océano Índico hasta una zona conocida como el Cuerno de África porque se parece un poco al cuerno de un rinoceronte. Madagascar es un país insular en la costa oriental. El arte de estas zonas incluye objetos de cuentas de colores y tallas **figurativas** realizadas para celebrar acontecimientos importantes, como las ceremonias de transición de la infancia a la edad adulta.

PARA QUE TODOS LO VEAN
PAREJA SAKALAVA, SIGLO XVII-FINALES DEL XVIII

Esta escultura de madera muestra a una pareja de la etnia sakalava de Madagascar. El hombre y la mujer adoptan la misma postura para mostrar la conexión entre ellos. Fue tallada para colocarla en la parte superior de un monumento de madera llamado *hazomanga*. Estas construcciones se colocaban fuera de las casas de los ancianos de la comunidad, tenían una altura de hasta 1,8 metros y se situaban en una zona a la vista de todos. Los *hazomanga* también eran lugares donde se podía rezar y realizar ceremonias.

LA SILLA DEL JEFE
TRONO HEHE, FINALES DEL SIGLO XIX

Este magnífico ejemplo de trono fue realizado por el pueblo hehe de Tanzania. La silla tiene un respaldo muy alto con rasgos femeninos de modo que la persona que se sienta en él parece estar apoyada en su regazo. Este tipo de mobiliario solía ser utilizado por un jefe. La cabeza muestra detalles tallados de la escarificación, que consiste en crear diseños en la piel mediante pequeños cortes. Es posible que el tubo hueco de debajo del asiento se utilizase para elevar el trono en ocasiones especiales.

UN PASEO POR EL JARDÍN

¿Necesitas un poco de aire fresco? Date un paseo por el jardín. Es posible que encuentres alguna sorpresa…

UNA LLAMATIVA AMAPOLA

GEORGIA O'KEEFFE, AMAPOLA ROJA, N.º VI, 1928

Acércate y disfruta de la vista. Los cuadros de Georgia O'Keeffe nos muestran flores tan de cerca que parecen diseños abstractos. Sus cuadros nos hacen apreciar sus formas y sus colores de una manera nueva.

LA PINTURA AL SERVICIO DE LA CIENCIA

MARIA SIBYLLA MERIAN, NARANJO AMARGO CON POLILLA ROTHSCHILDIA AUROTA, 1705

Verás algún curioso insecto escondido entre las hojas del jardín. Maria Sibylla Merian fue una naturalista e ilustradora que observaba de cerca a los insectos y los dibujaba con gran detalle.

UNA TORMENTA INQUIETANTE

HENRI ROUSSEAU, TIGRE EN UNA TORMENTA TROPICAL (SORPRENDIDO), 1891

¡Cuidado con el tigre! Henri Rousseau pintó a este animal agazapado entre la espesa vegetación de la selva. Tiene los ojos muy abiertos y parece que el relámpago que vemos al fondo le ha dado un buen susto.

DISEÑOS FLORALES

GUSTAV KLIMT, JARDÍN CON FLORES, 1905-1907

Ya has visto una amapola de cerca, así que ahora es momento de levantar un poco la cabeza para cambiar la perspectiva. En muchos de los cuadros de Gustav Klimt podemos ver pequeñas formas coloridas que se funden y nos muestran una imagen más grande y brillante, como las flores de un jardín.

Jardín 155

ALA 3

ARTE MODERNO Y CONTEMPORÁNEO

¡EN EL ARTE TODO ES POSIBLE!

Nos adentramos en una época emocionante: en la que estás viviendo...

Vamos a ver arte de una época en que se hacía «arte por el arte», es decir, sin un objetivo establecido, como cuando antiguamente se pretendía enseñar una lección religiosa u honrar a los muertos. Aquí, las obras son experimentales y personales y se utilizan materiales inusuales y técnicas novedosas.

EN ESTA ALA ENCONTRARÁS...

- Arte abstracto
- Rebeldes
- Activistas
- Paisajes de ensueño
- Fotografía
- Mundos flotantes
- Luces brillantes
- Collages
- Salpicaduras
- Arte al aire libre
- De basura a tesoro
- Arte pop
- Arte en movimiento

GALERÍA Q
Arte moderno

¡El arte necesita una revolución! Prepárate para cuestionarlo todo, desde qué hace que algo sea arte hasta por qué se debe hacer y qué aspecto puede tener.

Durante siglos, los artistas de Europa y América del Norte se centraron en hacer arte que pareciera real. Ser capaz de pintar o esculpir una manzana que pareciera una manzana era un signo de auténtico talento. En esta galería, los artistas se centran en diferentes temas y encuentran nuevas inspiraciones. Algunos hacen obras donde no vemos nada reconocible, mientras que otros utilizan objetos cotidianos para crear nuevos estilos. ¡Qué escándalo causaron estas primeras obras de arte moderno!

La invención de la fotografía en la década de 1820 provocó otro gran cambio en el arte. A medida que este nuevo invento se hizo más asequible y popular, los artistas ya no necesitaban pintar cuadros que parecieran reales y los artistas comenzaron a utilizar colores y formas inusuales. En Europa se encontró inspiración en obras de países remotos, como las máscaras africanas o los grabados japoneses. Ahora, dos personas podían pintar el mismo objeto y el resultado ser algo diferente.

SALAS 85-106

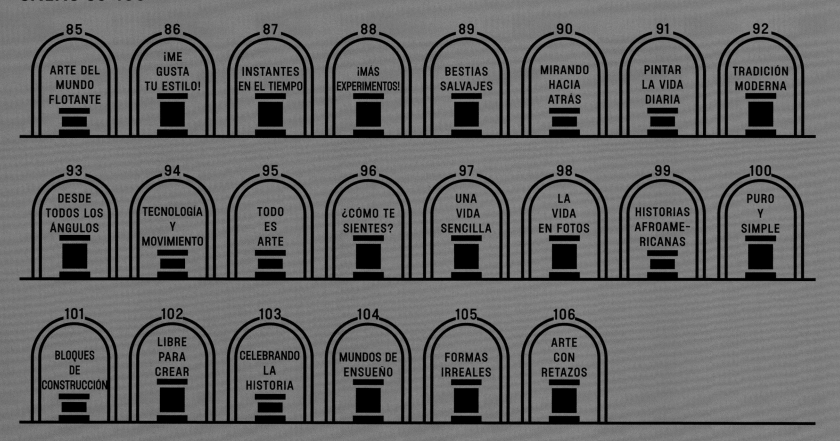

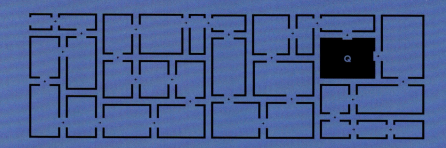

ARTE MODERNO: ESTILOS QUE RECORRIERON TODO EL MUNDO (Y DÓNDE COMENZARON)

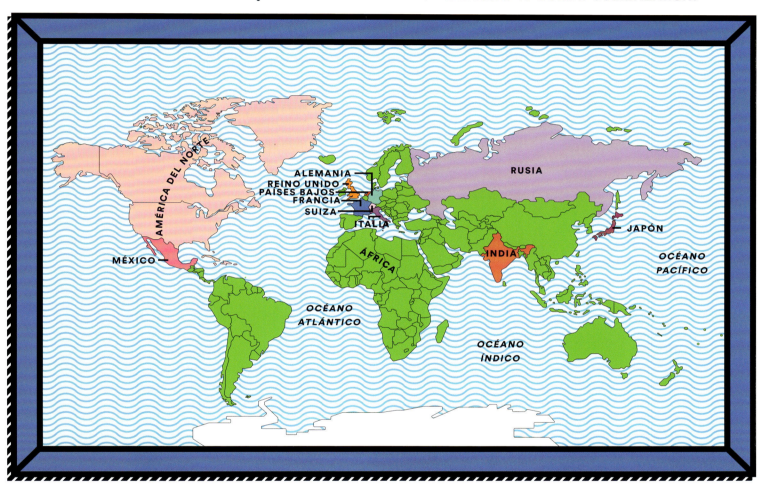

CONFORME LOS ARTISTAS VIAJABAN LLEVABAN SUS IDEAS CONSIGO.
ESTE MAPA MUESTRA DÓNDE EMPEZARON ALGUNOS DE LOS MOVIMIENTOS DE ESTA GALERÍA.

- IMPRESIONISMO
- CUBISMO
- SURREALISMO
- PRERRAFAELITAS
- REALISMO AMERICANO
- REGIONALISMO AMERICANO
- FUTURISMO
- DADAÍSMO
- EXPRESIONISMO
- SUPREMATISMO
- EL ESTILO
- LA ESCUELA DE BENGALA
- MURALISMO MEXICANO
- UKIYO-E

Arte moderno

SALA 85 — UKIYO-E
Arte del mundo flotante

El término japonés *ukiyo-e* significa «imágenes del mundo flotante». Estas xilografías y grabados mostraban las bulliciosas zonas de ocio de las grandes ciudades japonesas, como Tokio. En estas imágenes podemos encontrar actores famosos, luchadores de sumo, etc. El *ukiyo-e* comenzó en el siglo XVII y, en el XIX, los artistas de este género también realizaban obras en las que destacaban la belleza de los paisajes japoneses.

SÚBETE A LA OLA
KATSUSHIKA HOKUSAI, LA GRAN OLA DE KANAGAWA, H. 1830-1832

Una ola gigante se abalanza sobre tres barcos de pescadores. Las crestas blancas parecen garras dispuestas a hundir a la tripulación. Es muy emocionante, pero el protagonista de esta imagen es en realidad el volcán sagrado, el monte Fuji, que aparece al fondo. Forma parte de la serie de xilografías de Katsushika Hokusai titulada *Treinta y seis vistas del monte Fuji*. Decidió imprimir paisajes en lugar de escenas urbanas y supuso un cambio en la temática de las obras de arte *ukiyo-e*.

> **? SABÍAS QUE…**
>
> Los **artesanos** tallaban la imagen diseñada por el artista en un bloque de madera y luego se pasaba al papel. Cada color necesitaba un bloque de madera diferente, por lo que a veces se tallaban hasta veinte bloques distintos para hacer un solo cuadro.

INSPIRACIÓN JAPONESA EN EUROPA
¡Me gusta tu estilo!

SALA 86

En 1867 se celebró en París una feria internacional en la que se mostraron nuevos inventos, arte y objetos culturales. Era la primera vez que Japón participaba y causó sensación. Los asistentes quedaron asombrados: nunca antes habían visto un estilo así. La moda y el arte japoneses no tardaron en popularizarse en Europa y sus obras influyeron en el modo en que los artistas europeos pintaban diseños, sombras y formas.

MARAVILLOSOS BLOQUES DE MADERA
UTAGAWA HIROSHIGE, ASTILLEROS DE BAMBÚ, EL PUENTE ŌHASHI, H. 1857-1858

Este atractivo grabado en madera procede de una serie titulada *Cien famosas vistas de Edo*. En ella, el artista nos muestra los lugares turísticos más populares de Edo (la actual Tokio). Los altos postes grises del fondo son bambú, un importante material de construcción en Japón. Desde la izquierda de la imagen ¿ves al tercer hombre que cruza el puente? ¡El grabador ocultó su firma en el farol que porta!

CONSTRUIR PUENTES
JAMES MCNEILL WHISTLER, NOCTURNO: AZUL Y ORO - PUENTE DE OLD BATTERSEA, H. 1872-1875

El estadounidense James McNeill Whistler es uno de los muchos artista que encontraron inspiraron en las imágenes de Hiroshige. ¡El arco y la posición de este puente son muy parecidos a los del grabado de Hiroshige! Al fondo vemos motas doradas que nos recuerdan a otro grabado de este pintor japonés en el que se ven fuegos artificiales en el cielo. Whistler pintó este cuadro como parte de una serie de vistas nocturnas del río Támesis a su paso por Londres.

Arte moderno

SALA 87

IMPRESIONISMO
Instantes en el tiempo

Los impresionistas son los rebeldes del arte francés. No querían pintar siguiendo el mismo estilo que se exhibía en la famosa exposición del Salón de París, de modo que crearon el suyo propio. Es fácil reconocer una pintura impresionista, ya que a ellos les gustaba pintar una «impresión» del aspecto de algo en un momento dado, empleando para ello pinceladas rápidas y visibles.

DIVERSIÓN Y JUEGOS

BERTHE MORISOT, EL ESCONDITE, 1873

Berthe Morisot, pintora de origen francés, fue un miembro muy importante del grupo de los pintores impresionistas. Al principio, era la única mujer en este grupo, pero exhibió su obra en todas las exposiciones impresionistas, excepto en una e incluso ayudó a organizar y pagar su primera exposición. Había conocido a algunos miembros del grupo, como Monet, mientras copiaba cuadros en el Museo del Louvre (París). En aquella época esto les servía a muchos artistas para mejorar su técnica. También le gustaba pintar escenas al aire libre. Morisot es famosa por sus pinceladas rápidas y gruesas que parecen bocetos. Muchos de sus cuadros muestran escenas privadas de la vida de las mujeres de clase alta en casa y con sus hijos. En este cuadro vemos a una mujer y a su hija jugando al escondite.

👁 Puedes ver otras imágenes de madres e hijos, en las páginas 91, 121, 131, 163, 175 y 217.

PARA IMPRESIONAR

CLAUDE MONET, IMPRESIÓN, SOL NACIENTE, 1872

Este cuadro de Claude Monet dio nombre a los impresionistas. A este grupo le gustaba pintar en el exterior para poder observar cómo cambiaba la luz a lo largo del día. Aquí, Monet pintó el sol saliendo sobre el puerto en Le Havre, su ciudad natal. La luz del sol es a veces brillante y amarilla y otras es cálida y anaranjada, como la del cuadro. Los colores cambiantes de la luz según la hora del día pueden producir impresiones muy diferentes de un mismo tema.

HAZ ZOOM

162 El mejor museo del mundo

UNA NOCHE DE FIESTA
ÉDOUARD MANET, LA BARRA DEL FOLIES-BERGÈRE, 1881-1882

Manet fusiona dos estilos diferentes: impresionismo y realismo. Aunque comenzó a trabajar en un estilo realista (pág. 141), su pincelada suelta y su actitud rebelde influyeron enormemente a los impresionistas. Este cuadro muestra a una mujer que trabaja en un bar de espectáculos musicales y en el espejo vemos reflejada a la gente que ha acudido allí. ¡Fíjate en cómo los trazos sueltos dan sensación de que hay una multitud pasándolo bien! El hombre a la derecha posiblemente sea un autorretrato.

👁 En las páginas 122, 130, 200 y 204 encontrarás otras formas ingeniosas de utilizar los espejos en el arte.

BALANCEARSE EN EL AIRE
EDGAR DEGAS, MADEMOISELLE LA LA EN EL CIRCO FERNANDO, 1879

Degas formaba parte del grupo de los impresionistas, pero también se consideraba a sí mismo como un pintor realista (pág. 141) porque le encantaba plasmar la vida cotidiana. Le gustaba mostrar escenas de ballet y de carreras de caballos. A menudo pintaba desde ángulos inusuales, algo difícil de conseguir. En este cuadro pinta a un lado y desde abajo a la acróbata conocida como Mademoiselle La La mientras ella sujeta una cuerda entre los dientes y se balancea desde el techo.

MECIENDO LA BARCA
MARY CASSATT, PASEO EN BARCA 1894

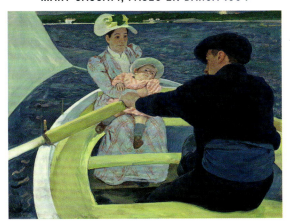

Mary Cassatt fue una pintora estadounidense que vivió y trabajó en Francia durante gran parte de su vida. ¿Te has fijado en que hay muy poco sombreado en las figuras y en la barca en esta escena? Esto se debe a que Cassatt se inspiró en el *ukiyo-e* (pág. 160), que utilizaba menos sombreado. Con este efecto se consigue que los objetos tridimensionales parezcan planos.

Arte moderno 163

POSIMPRESIONISMO
¡Más experimentos!

SALA 88

«Pos-» significa «después», por lo que el posimpresionismo es el movimiento posterior al impresionismo e incluye una mezcla de estilos. Estos artistas aprendieron a utilizar la luz y el color de los impresionistas, pero querían hacer algo más que capturar un momento en el tiempo. Experimentaron con colores frescos y naturales, nuevas técnicas, nuevos temas y diferentes materiales: llevaron el arte moderno a otro nivel.

PINTAR CON PUNTOS
GEORGES SEURAT, TARDE DE DOMINGO EN LA ISLA DE LA GRANDE JATTE, 1884-1886

Este cuadro de tamaño casi natural muestra a familias parisinas divirtiéndose en una tarde de domingo. Observa con atención: ¡está hecho con miles de puntos diminutos de color! Esta técnica se llama **puntillismo**.

HAZ ZOOM

REMOLINOS EN EL CIELO
VINCENT VAN GOGH, LA NOCHE ESTRELLADA, 1889

Intenta no marearte mientras contemplas esta escena bajo un cielo estrellado. Van Gogh es famoso por obras como esta, con sus gruesas capas de pintura y pinceladas intensas y visibles. A esta técnica que emplea capas gruesas de pintura se le llama **impasto**. Van Gogh creó unas 2100 obras, pero no se hizo famoso hasta después de su muerte. Nació en los Países Bajos y decidió convertirse en pintor a la edad de veintisiete años. Viajó por toda Europa, trabando amistad con otros artistas y pintando los lugares que visitaba. Hacia el final de su vida, enfermó y tuvo problemas de salud mental. Pintó esta vista desde la ventana de hospital en el que estaba ingresado.

FAUVISMO
Bestias salvajes

SALA 89

¡Cuidado con estas bestias! Los fauvistas recibieron este nombre tras una exposición en 1905. Un crítico de arte francés, al ver los atrevidos colores de sus obras afirmó que parecía pintado por *fauves* (bestias salvajes, en francés). En lugar de crear un sombreado realista, empleaban colores poco naturales y pinceladas gruesas. Colocaban colores brillantes uno junto a otro para mostrar el **contraste** y hacerlos destacar.

PLANO PERO LLENO
HENRI MATISSE, LA HABITACIÓN ROJA (ARMONÍA EN ROJO), 1908

Matisse fue la «bestia» más famosa. Creía que los lienzos planos no debían parecer tridimensionales. ¿Puedes señalar dónde acaba el mantel y empieza el papel pintado de la pared? ¿El paisaje es un cuadro o una ventana? Matisse no muestra sombras ni luces brillantes, por lo que los bloques de color parecen planos y pueden engañar la vista.

Arte moderno 165

PRERRAFAELITAS
Mirando hacia atrás

SALA 90

Durante mucho tiempo, las academias inglesas enseñaron estilos inspirados en artistas del Renacimiento, como Rafael (pág. 120). Pero en 1848 un grupo de artistas decidió que prefería los detalles y colores de los artistas del *quattrocento* (sala 65), los de la época anterior («pre») a Rafael. Por ello se les llamó prerrafaelitas. Sus cuadros son muy detallistas porque creían que esta era la forma más auténtica de mostrar el mundo.

FUERZA Y NATURALEZA
EVELYN DE MORGAN, FLORA, 1894

En este cuadro puedes ver cómo los prerrafaelitas encontraron inspiración en el *quattrocento*. De Morgan muestra aquí a Flora, la diosa romana de las flores, a la que Botticelli pintó en su obra *La primavera* (pág. 118). ¿Te das cuenta de cómo se ha inspirado en el ondulado vestido de flores y en la detallada vegetación del cuadro de Botticelli? Esta artista era experta en pintar personas envueltas en pesadas telas y su obra suele estar protagonizada por mujeres fuertes. Era una firme defensora de la igualdad de derechos para las mujeres.

FLOTANDO ENTRE FLORES
JOHN EVERETT MILLAIS, OFELIA, 1851

¡En este cuadro hay miles de detalles! Millais tenía mentalidad científica y quería que su obra fuera lo más fiel posible a la realidad. Para poder observar en detalle cómo era una mujer vestida en el agua, le pidió a la artista Elizabeth Siddal que posara en una bañera. ¡Acabó cogiendo un resfriado y Millais tuvo que pagar las facturas del médico!

REALISMO AMERICANO
Pintar la vida diaria

SALA 91

La pintura realista americana refleja la vida diaria, especialmente la de los trabajadores y pobres. Los cuadros muestran un país que crece y cambia, incluyendo pequeños pueblos y animadas ciudades. Algunos artistas pintaban el interior de las tiendas o los hogares, otros mostraban la soledad que se sentía en las grandes ciudades y otros captaban actividades cotidianas que no se habían mostrado antes en la pintura.

UNA CENA TRANQUILA
EDWARD HOPPER, NOCTÁMBULOS, 1942

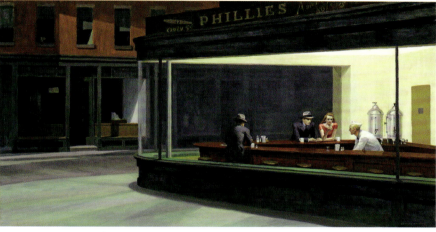

En esta tranquila escena vemos a unas personas en una cafetería después de que los comercios hayan cerrado. Hay una gran ventana, pero ¡no vemos ninguna puerta! Esto hace que el espectador se sienta muy distante y excluido. En muchos cuadros de Hopper los protagonistas son personas en entornos similares, como casas u oficinas modernas.

TARDE DE BOXEO
GEORGE BELLOWS, NOCHE EN EL CLUB, 1907

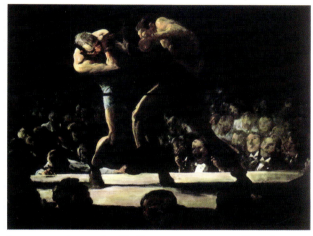

Los cuadros de Bellows nos enseñan la vida bulliciosa de las grandes ciudades. Las peleas de boxeo eran ilegales en Nueva York cuando se realizó este cuadro y la gente se saltaba las normas abriendo «clubs» en los que se permitía el boxeo.

ARTE Y VERDAD
HENRY OSSAWA TANNER, LA LECCIÓN DE BANJO, 1893

Los cuadros de Tanner reflejan su formación en Estados Unidos y París y sus experiencias como afroamericano. La esclavitud se había abolido en Estados Unidos unos treinta años antes de que se pintara esta obra. La imagen que se mostraba de los afroamericanos seguía siendo estereotipada, especialmente se los mostraba como *minstrels* (un tipo de espectáculo estadounidense). Los estereotipos son ideas o actitudes negativas hacia un grupo de personas y Tanner quería romperlos mostrando a un músico negro de forma diferente: lo vemos enseñando a un niño a tocar el banjo, no como un *minstrel*.

HAZ ZOOM

Arte moderno 167

MÁSCARAS AFRICANAS
Tradición moderna

SALA 92

Los pueblos africanos llevan miles de años haciendo máscaras, y las suelen usar como parte de su indumentaria durante los rituales y ceremonias. Cada cultura africana tiene su propio estilo tradicional y con frecuencia utilizan formas y diseños abstractos, junto con materiales interesantes para crear sus máscaras. Muchos artistas, como Picasso y Matisse, encontraron inspiración en sus diseños y patrones.

¿QUÉ HAY EN UNA MÁSCARA?

MÁSCARA NGAADY-A-MWAASH, FINALES DEL SIGLO XIX-PRINCIPIOS DEL XX

Esta máscara nos cuenta una historia. Las cuentas que descienden por la nariz y la boca nos dan pistas de que es una figura importante y las rayas de sus ojos son lágrimas. Representa a Ngaady-A-Mwaash, la legendaria esposa del primer rey del reino de Kuba (parte de la República Democrática del Congo). En las representaciones, aparece junto a dos máscaras masculinas que simbolizan a los antepasados que compitieron por su amor.

LA SENDA DE LOS ANTEPASADOS

MÁSCARA DE LURUYA, SIGLOS XIX-XX

Esta máscara pertenece al pueblo bwa de Burkina Faso y las máscaras se hacían en honor a un antepasado llamado Luruya, un pequeño cazador que era muy hábil. ¡Fíjate en las líneas del rostro y del rectángulo! Se trata de la «senda de los antepasados», un recordatorio acerca de que hay que cumplir las normas. Su trazos son similares a las marcas de las cicatrices que los bwa llevan en el rostro.

CUBISMO
Desde todos los ángulos

SALA 93

¿Cómo se pueden mostrar varias caras de algo al mismo tiempo? Paul Cézanne (pág. 96) fue el primero en explorar esta idea, luego lo hicieron Pablo Picasso y Georges Braque. Así comenzó el movimiento cubista, un estilo que cortaba y reordenaba las imágenes. El cubismo se inspiró en las artes africanas y en las antiguas culturas europeas y, con el tiempo, se abrió paso también en otros estilos artísticos.

PIEZAS MUSICALES
GEORGES BRAQUE, VIOLÍN Y JARRA, 1909-1910

¿Puedes ver un violín? En ese cuadro aparecen diferentes partes de este instrumento al mismo tiempo, incluyendo la superior y los laterales. Esto se debe a que Georges Braque ha roto el objeto y lo ha vuelto a unir formando ángulos imposibles. Obras como esta forman parte del **cubismo analítico**. Braque analizó el objeto con todo detalle y experimentó con la idea de mostrar su forma tridimensional en una superficie plana.

INSPIRADO EN EL ARTE AFRICANO
PABLO PICASSO, CABEZA DE UNA MUJER DORMIDA, 1907

La obra de Picasso puede dividirse en épocas según su estilo, como el cubismo analítico, o según distintos colores, como su periodo azul. Siempre estaba experimentando para encontrar nuevas formas de representar el mundo. Picasso creó este retrato en una época en la que halló inspiración en las máscaras y esculturas africanas que había visto, y admirado, en los museos. Tomó ideas de esos objetos tradicionales para desarrollar su primer estilo cubista.

Arte moderno 169

SALA 94

FUTURISMO
Tecnología y movimiento

¡Se acabó lo viejo! El futurismo es un movimiento que afirmaba que los museos se centraban demasiado en el pasado. A principios del siglo XX, el mundo estaba cambiando. Los coches circulaban por las calles y los aviones surcaban el cielo. ¿Por qué no celebrarlo con el arte? Los futuristas tomaron prestadas ideas de los cubistas, pero se centraron en el movimiento y en la representación de las nuevas tecnologías.

CADA PASO DEL CAMINO

MARCEL DUCHAMP, DESNUDO BAJANDO UNA ESCALERA (N.º 2), 1912

Duchamp se inspiró en los primeros fotógrafos. Le atraía cómo en las fotografías se podían mostrar muchas acciones a la vez, como, por ejemplo, bajar unas escaleras. Duchamp quiso probar esto en su pintura. Aquí se repite la misma figura, con las líneas precipitándose para mostrar el movimiento. Presentó el cuadro a una exposición cubista, pero lo rechazaron porque pensaban que sus experimentos era demasiado futuristas.

A LA CARRERA

UMBERTO BOCCIONI, FORMAS ÚNICAS DE CONTINUIDAD EN EL ESPACIO, 1913

Cómo hacer que una estatua dé la impresión de estar en movimiento. Este es el punto de partida de Boccioni a la hora de crear esta escultura. Esta figura de aspecto humano parece estar empujando hacia delante, luchando contra una fuerza oculta. Para lograrlo, moldeó zonas que sobresalen hacia atrás, como si la figura estuviera azotada por el viento. La fuerza y el movimiento de esta obra nos hablan de las máquinas que los futuristas admiraban.

DADAÍSMO
Todo es arte

SALA 95

Esto no tiene sentido y va en serio. El dadaísmo adoptó el absurdo experimentando, rompiendo todas las reglas y desafiando la idea de qué se consideraba arte. Algunos artistas tomaron objetos que encontraban por ahí a los que llamaron «objetos encontrados». Su arte surgió como reacción a los horrores de la Primera Guerra Mundial y ¿qué mejor idea para aportar algo de humor al mundo que defender el absurdo?

¡QUÉ ESCÁNDALO!
MARCEL DUCHAMP (ATRIBUIDO), LA FUENTE, 1964, (RÉPLICA DEL ORIGINAL DE 1917)

Esta escultura es un «objeto encontrado». Se trata de un urinario que Duchamp presentó a una exposición bajo el misterioso nombre de «R. Mutt». En teoría la exposición debía aceptar todas las obras, pero esta pieza fue rechazada: ¡un retrete no podía ser arte! A Duchamp no le sentó bien esta decisión. Dijo que la escultura debía estar en una galería porque el artista así lo había decidido y le había dado un nuevo nombre. ¡Eso la convertía en arte!

UNA TRITURADORA
MAN RAY, EL REGALO, 1972, (RÉPLICA EDITADA DESPUÉS DEL ORIGINAL DE 1921)

Planchar tus pantalones con esta escultura de Man Ray no parece una buena idea. El artista inutilizó la plancha pegando una hilera de clavos de latón. Esta mezcla de opuestos es algo típicamente dadaísta porque logra crear un objeto sin sentido, inútil. Ray quería que sus amigos tuvieran la oportunidad de obtener esta pieza en su primera exposición y por eso se llama *El regalo*. Lamentablemente, se la robaron antes de que pudiera regalarla.

SALA 96

EXPRESIONISMO
¿Cómo te sientes?

¿Te has sentido alguna vez desbordado por las emociones? Los expresionistas mostraban su estado de ánimo mediante colores brillantes, formas distorsionadas y pinceladas muy visibles. En los inicios de este movimiento encontramos a Vincent Van Gogh (pág. 164) y, más tarde, a muchos otros artistas alemanes. El expresionismo alemán se divide en dos grupos: Die Brücke (El puente) y Der Blaue Reiter (El jinete azul).

EXPRESIONISMO TEMPRANO
EDVARD MUNCH, EL GRITO, 1893

Una tarde en la que el pintor noruego Edvard Munch salió a pasear con dos amigos, observó cómo en el cielo, al atardecer, surgían de repente intensos tonos rojos y naranjas. Munch pensó que parecía que la propia naturaleza estaba gritando. Pintó esta sensación, con sus dos amigos continuando el paseo con normalidad. Se dice que este cuadro, con su emoción plena y sincera, inspiró el movimiento expresionista en Alemania.

👁 ¿Te recuerdan estos colores de una puesta de sol a los del amanecer de Monet de la página 162?

CONSTRUIR UN PUENTE
ERNST LUDWIG KIRCHNER, CALLE, BERLÍN, 1913

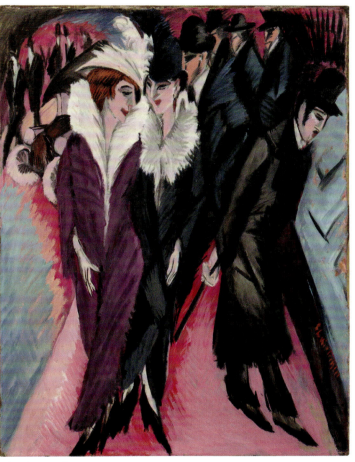

Kirchner formó parte del grupo expresionista alemán Die Brücke (El puente). Sentían que su obra tendía un puente entre los artistas del pasado y los atrevidos estilos de su época. La inspiración de los movimientos modernos, como el fauvismo (sala 98), se puede apreciar en los colores vivos. Kirchner pintó este cuadro para mostrar cómo las grandes ciudades pueden ser encantadoras, concurridas y solitarias a la vez.

👁 ¡Compara esta escena con las de la vida en la ciudad de la página 167!

MÚSICA Y COLOR
WASSILY KANDINSKY, COMPOSICIÓN VII, 1913

Kandinsky formó parte del grupo expresionista alemán Der Blaue Reiter (El jinete azul), quienes pensaban que los colores tenían sus propios significados. Kandinsky, por ejemplo, consideraba que el amarillo era energético. También afirmaba que la pintura era similar a la música y utilizaba el término «composición» para algunas de sus obras. Puede parecer una mezcla sin sentido de líneas y colores, pero Kandinsky hizo más de treinta bocetos antes de pintar la obra final.

GRABADOS EXPRESIVOS
KÄTHE KOLLWITZ, AUTORRETRATO, 1924

Los expresionistas alemanes del grupo Die Brücke eran muy hábiles en la realización de grabados en madera. Cuando Käthe Kollwitz descubrió su trabajo, empezó a trabajar en sus propios grabados. Había comenzado su carrera con obras detalladas sobre la guerra y la dura vida de los pobres, pero, al utilizar esta técnica de grabado en madera, tuvo que simplificar su trabajo. Tras la muerte de su hijo en 1914, gran parte de las obras de arte de Kollwitz expresan su tristeza.

REGIONALISMO AMERICANO
Una vida sencilla

SALA 97

Durante la década de 1930, Estados Unidos vivió la llamada Gran Depresión, una época en la que escaseaba el dinero. Muchos artistas vivían en grandes ciudades, como Nueva York, y su trabajo mostraba escenas de la vida urbana. El regionalismo americano quería cambiar esta perspectiva, mostrado la vida de la población rural. El estilo remite a una época más sencilla y feliz anterior a la Gran Depresión.

MISTERIO EN EL MEDIO OESTE
GRANT WOOD, GÓTICO ESTADOUNIDENSE, 1930

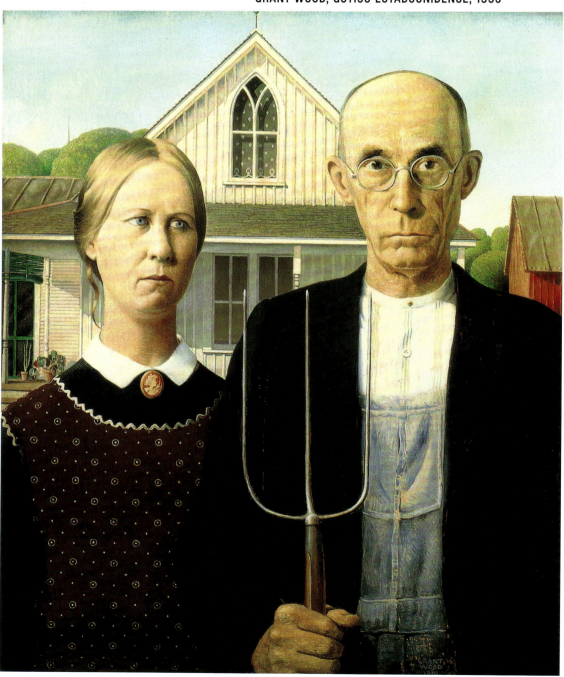

Este cuadro muestra un modo de vida que iba desapareciendo a medida que las ciudades se modernizaban. El nombre, *Gótico estadounidense*, hace referencia a la ventana situada detrás de las dos figuras, que es apuntada, como los antiguos arcos góticos (sala 36). Wood se inspiró en una casa real de su estado natal, Iowa, una casa que todavía sigue en pie. Wood se fijó en ella porque consideraba que aquella ventana, con su arco apuntado era un elemento arquitectónico poco habitual en el Medio Oeste. Para el cuadro, imaginó al granjero y a su hija que habrían podido vivir en ese tipo de casa en el siglo XIX. Cuando necesitaba modelos, recurría a su hermana y a su dentista.

👁 Observa las similitudes entre este cuadro y el de Parks en la sala de al lado.

FOTOGRAFÍA ESTADOUNIDENSE
La vida en fotos

SALA 98

La primera fotografía que se tomó fue una vista borrosa desde una ventana, impresa en 1827. Entonces las cámaras eran pesadas y caras y, además, el modelo tenía que estar sin moverse durante mucho tiempo para obtener una imagen nítida. Poco a poco la tecnología mejoró y las cámaras se hicieron más pequeñas. Ya en el siglo XX, los artistas empezaron a utilizar la fotografía para captar el mundo y todo lo que ocurría en él.

FIEL A LA REALIDAD

GORDON PARKS, GÓTICO ESTADOUNIDENSE (ELLA WATSON), 1942

Parks fue el primer fotógrafo afroamericano de la revista *LIFE*, famosa por la calidad de sus fotografías. Cuando se trasladó a Washington D. C., en 1942, le sorprendió el injusto trato que allí recibían los afroamericanos y decidió fotografiar las experiencias de estas personas. Esta imagen de una limpiadora llamada Ella Watson se parece al *Gótico estadounidense* de Grant Wood. Al igual que el regionalismo americano, Parks quería mostrar otra cara de la vida del país.

UNA MADRE PARA RECORDAR

DOROTHEA LANGE, MADRE MIGRANTE, 1936

Esta es la fotografía más famosa de la Gran Depresión y la que mejor refleja esos años y las dificultades a las que se enfrentaron muchas personas. En esta imagen vemos a Florence Owens Thompson, una mujer nativa americana. Ella y su familia se desplazaron para encontrar trabajo en el campo, pero encontrar un empleo era muy difícil. Dorothea Lange supo captar la desesperación y el agotamiento de una madre sentada con sus hijos.

Arte moderno

NARRACIONES AFROAMERICANAS
Historias afroamericanas

SALA 99

No existe un único estilo de arte afroamericano. De hecho, encontrarás sus obras por todo el museo. Esta sala muestra el desarrollo de una nueva creatividad y el cambio de vida de los afroamericanos tras la abolición de la esclavitud en 1865. A partir de 1916, muchos abandonaron el sur para escapar del racismo y encontrar trabajo en el norte y el oeste. A este movimiento de personas se le llamó la Gran Migración.

UNA LUCHADORA POR LA LIBERTAD
WILLIAM H. JOHNSON, HARRIET TUBMAN, H. 1945

Harriet Tubman era una mujer valiente. Nació durante la época de la esclavitud en el sur de Estados Unidos y huyó al norte en busca de la libertad. Volvió al sur hasta 19 veces para rescatar a 300 personas. William H. Johnson pintó este retrato, así como una serie llamada *Luchadores por la libertad,* para compartir las emotivas historias de los afroamericanos.

NIÑO EN BRONCE
AUGUSTA SAVAGE, GAMIN, H. 1929

Augusta Savage empezó a hacer pequeñas esculturas de arcilla cuando era una niña. Siendo adulta, decidió que quería ser artista y se mudó de Florida a Nueva York. Al público le fascinó este busto de bronce de un *gamin* (un niño que vive en la calle), tanto que Savage obtuvo una beca para estudiar en Europa. Cuando regresó a su país se convirtió en una célebre escultora y en una importante líder de la comunidad artística de Harlem, Nueva York.

GRANDES LÍDERES

JACOB LAWRENCE, AUTORRETRATO, 1977

A los 16 años Jacob Lawrence empezó a ir a clases gratuitas de arte en el Harlem Art Workshop. Allí aprendió de la mano de artistas del llamado Renacimiento de Harlem, como Augusta Savage (página anterior). Desde el principio, su arte destacaba por sus colores brillantes y diseños llamativos. Se refería a su estilo como cubismo dinámico. Sus pinturas contaban historias de grandes líderes afroamericanos y reflejaban la vida cotidiana de esta población. En este autorretrato vemos al artista en su estudio. Al fondo se pueden ver algunos de sus cuadros, entre ellos una imagen de Harriet Tubman guiando a los esclavos hacia la libertad.

MUCHO MÁS QUE UNA COLCHA

HARRIET POWERS, COLCHA BÍBLICA, 1886

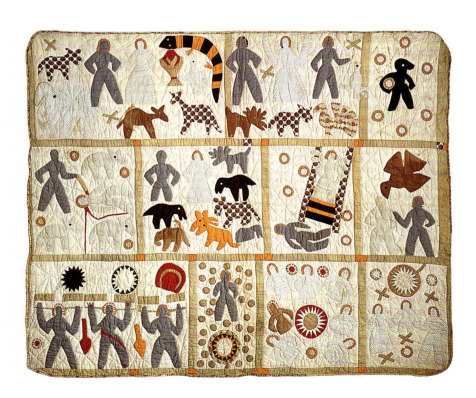

¡Además de darte calor una colcha puede contar una historia y puede ser arte! Harriet Powers nació en la esclavitud y aprendió a coser durante su vida en una plantación. Tras la guerra civil y la abolición de la esclavitud, ella y su familia tuvieron su propia granja. Expuso su primera colcha en una feria en 1886 y más tarde empezó a venderlas para ayudar a su familia. Esta muestra escenas de la Biblia, como Adán y Eva, Noé, los animales del arca y muchas más.

? SABÍAS QUE…

¡Solo se conservan dos obras de Harriet Powers! La otra se llama *Colcha pictórica* y muestra quince sucesos e historias.

Arte moderno

SALA 100

SUPREMATISMO
Puro y simple

Hasta 1910, la mayoría de los artistas representaban personas u objetos. El artista ruso Kazimir Malevich no quería mostrar el mundo real, así que decidió pintar formas. El nombre de este movimiento proviene de su creencia en la superioridad de las formas simples. Otros artistas se unieron al movimiento y expusieron sus obras por toda Europa. Este estilo geométrico influyó en movimientos posteriores, como el «El Estilo».

LA FORMA DE UN PENSAMIENTO
KAZIMIR MALEVICH, COMPOSICIÓN SUPREMATISTA: BLANCO SOBRE BLANCO, 1918

¿Has pensado alguna vez en como son los diferentes tonos de blanco? Malevich lo hizo. Pintó un cuadrado blanco sobre este lienzo de color crema. Parecía que el cuadrado estaba flotando en un espacio vacío. Malevich creía que los artistas podían mostrar emociones empleando cuadrados, círculos y muy pocos colores. Fíjate bien en la textura. A pesar de utilizar dos colores similares, Malevich aporta riqueza al cuadro a través de sus pinceladas.

EL ESTILO
Bloques de construcción

SALA 101

De Stijl no es un estilo cualquiera, es «El Estilo» (eso es lo que significa en holandés). El movimiento fue liderado por Theo van Doesburg y Piet Mondrian. Es fácil de reconocer porque las imágenes están hechas con líneas rectas, cuadrículas y unos pocos colores básicos. Los artistas consideraban que su estilo era una forma pura de arte que ensalzaba los elementos (líneas y color) que podían crear cualquier imagen.

LÍNEAS AUDACES, LUCES BRILLANTES
PIET MONDRIAN, BROADWAY BOOGIE-WOOGIE 1942-1943

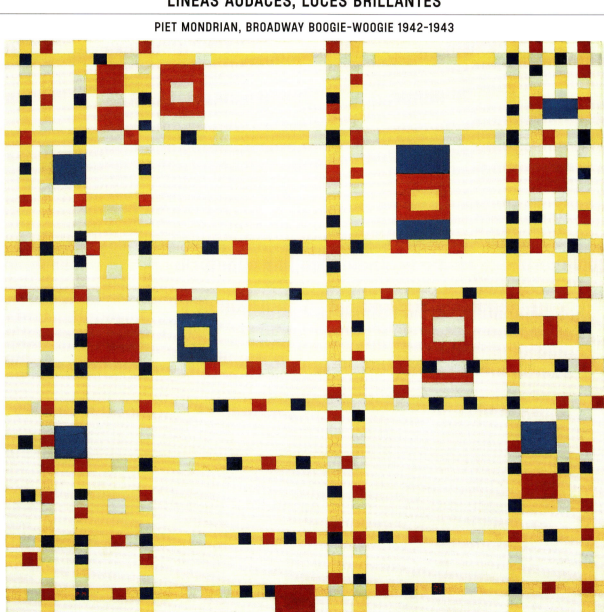

Seguro que has visto muchos planos de ciudades, pero, ¿te has fijado en cómo se cruzan las calles? El artista holandés Piet Mondrian se trasladó a Nueva York huyendo de la Segunda Guerra Mundial y allí se inspiró en las brillantes luces, las concurridas calles y la música boogie-woogie. Los cuadrados recrean ese ritmo musical, mientras que las líneas están dispuestas como las calles de la ciudad. Los colores son simples, incluyendo el blanco y los primarios rojo, amarillo y azul.

Arte moderno 179

SALA 102 — MODERNISMO INDIO
Libre para crear

El modernismo indio celebra la independencia de la India. Durante años, los británicos la habían colonizado y la habían gobernado. La independencia animó a la población del país a pensar: ¿cómo tenía que ser una India moderna? Los artistas experimentaron con la pintura tradicional india y los estilos europeos y mezclaron ambos para lograr un arte exclusivamente indio.

LA ESCUELA DE BENGALA
ABANINDRANATH TAGORE, BHARAT MATA, 1905

Abanindranath Tagore fue uno de los primeros líderes del arte moderno indio. Estudió los estilos europeos, pero pronto se entusiasmó con las pinturas de miniaturas mogoles (sala 56) y creó una versión de ese estilo, que se convirtió en el movimiento llamado Escuela de Bengala. *Bharat Mata* muestra a la «Madre India» sosteniendo símbolos del país, como el arroz, la tela, el rosario y un libro. Años después este cuadro representaría la fuerza de la India durante su lucha por la libertad.

EN LO MÁS PROFUNDO DEL PENSAMIENTO
AMRITA SHER-GIL, TRES MUJERES, 1935

La madre de Amrita Sher-Gil era de origen húngaro y su padre era un sij de la India. Estudió arte en París, lo que influyó en su obra, que combinaba la pintura al óleo europea y los estilos tradicionales de pintura en miniatura de la India. Cuando finalizó sus estudios, se trasladó a la India. Allí pintó muchas imágenes de aldeanos y sus cuadros suelen mostrar a mujeres con diferentes tonos de piel morena y aspecto pensativo, como las tres mujeres que aparecen en esta imagen.

MURALISMO MEXICANO
Celebrando la historia

SALA 103

En la década de 1910, México vivió profundos cambios políticos. Cuando la situación se calmó, la población seguía dividida. En esa época muchos artistas empezaron a desarrollar su creatividad y el gobierno les pidió que crearan murales para ayudar a unir al pueblo. Sus obras ensalzaban a los antiguos pueblos mexicanos, como los olmecas, mayas y aztecas (galería K), así como la cultura española y la moderna.

EL CONOCIMIENTO ES PODER
JOSÉ CLEMENTE OROZCO, PROMETEO, 1930

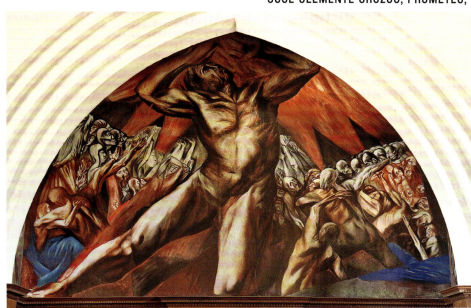

José Clemente Orozco fue una de las figuras clave del muralismo mexicano y pintó murales en Estados Unidos y en México. Este está inspirado en la mitología griega y en la historia de Prometeo, el titán (uno de los primeros dioses) que robó el fuego del cielo para dárselo a los humanos. ¡Fíjate en cómo algunas figuras de este cuadro se acercan al fuego mientras otras parecen tenerle miedo! Se considera que el fuego es un símbolo del conocimiento. ¿Qué crees que nos quiere contar Orozco con este mural?

UN FUTURO PARA MÉXICO
DIEGO RIVERA, LA TIERRA LIBERADA CON LAS FUERZAS NATURALES CONTROLADAS POR EL HOMBRE, 1926-1927

Este mural se pintó en el salón de actos de la Universidad Autónoma Chapingo, especializada en el estudio de la agricultura. En la imagen del fondo vemos a una mujer embarazada que sostiene una pequeña planta. Es un símbolo de la tierra. A su alrededor están los elementos naturales del agua, el aire y el fuego. Al frente, aparecen figuras que utilizan estos elementos junto a la tecnología, una forma de mostrar que los mexicanos pueden combinar naturaleza y ciencia para crear un futuro esperanzador.

👁 Diego Rivera fue el marido de la pintora Frida Kahlo. ¡Busca su obra en la Galería de selfis!

SALA 104

SURREALISMO
Mundos de ensueño

El surrealismo muestra objetos reales, pero de forma fantástica. Explora los sueños, la imaginación y el funcionamiento de la mente y trata de mostrarlo en el arte. Si dibujas uno de tus sueños, ¡quizás también tenga un aspecto extraño! El escritor francés André Breton, que formó parte del dadaísmo (sala 95), inició el surrealismo, movimiento al que pronto se unieron artistas de todo el mundo.

BAJANDO POR LA CHIMENEA
RENÉ MAGRITTE, EL TIEMPO PERFORADO, 1938

Los surrealistas tenían mucho ingenio para combinar ideas sorprendentes. René Magritte pintó este tren que irrumpe en una chimenea como si avanzara por un túnel mientras el humo se eleva hacia el interior de la chimenea, que es por donde debe ir. Todo lo demás en la habitación parece normal, tranquilo y real. La obra de arte no tiene sentido y, sin embargo, ¡funciona!

¡DESAYUNO PELUDO!
MERET OPPENHEIM, OBJETO, 1936

A Meret Oppenheim se le ocurrió la idea para esta pieza durante un almuerzo con Pablo Picasso (pág. 169) y la fotógrafa Dora Maar. Picasso se fijó en las pulseras de piel de Oppenheim y le dijo que cualquier objeto podría estar cubierto con piel. Ella respondió: «¿Incluso esta taza y este plato?». La respuesta se convirtió en una obra de arte. ¿Te gustaría desayunar en esta taza? Quizás no sea muy agradable, pero es posible que ayude a que la bebida se mantenga caliente.

? SABÍAS QUE…

A los surrealistas les gustaba jugar con el arte. Uno de sus juegos consistía en realizar parte de un dibujo, doblar el papel y pasárselo a otra persona para que añadiera el suyo. No podían ver lo que había dibujado la última persona, así el resultado era ¡muy raro! ¿Quieres jugar?

EL TIEMPO SE DERRITE

SALVADOR DALÍ, LA PERSISTENCIA DE LA MEMORIA, 1931

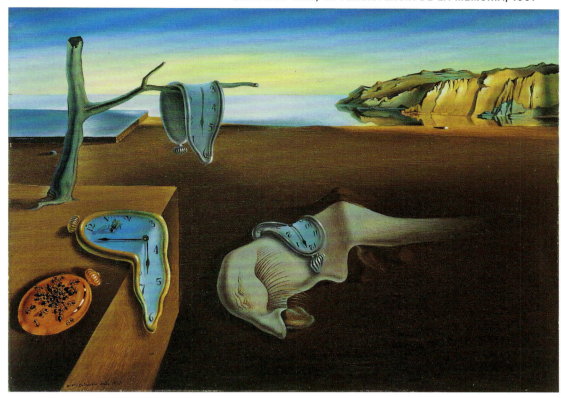

Los relojes tienen piezas sólidas que dan vueltas y que hacen tic-tac y normalmente no se doblan ni se deslizan sobre otros objetos. Pero esto es lo que hacen los relojes que pintó Dalí. Se inspiró en la idea de un queso derritiéndose al sol. El reloj del centro descansa sobre una cara. Fíjate en las largas pestañas del párpado. ¡Qué sueños tan extraños se deben tener en este mundo surrealista!

👁 Dalí estudió las obras de el Bosco. Puedes ver su trabajo en la página 124.

REALIDADES IMAGINADAS

DOROTHEA TANNING, UNA PEQUEÑA SERENATA NOCTURNA, 1943

Tanning fue autodidacta, es decir, que desarrolló sus habilidades artísticas por su cuenta. Muchos de sus cuadros parecen sueños que cobran vida. Aquí, Tanning muestra unos girasoles como si fuesen criaturas que suben por las escaleras hasta el pasillo de un hotel. Una niña y una muñeca de tamaño natural (con chaqueta roja) parecen luchar contra una fuerza invisible. Este cuadro lleva el nombre de una pieza de Mozart titulada *Una pequeña serenata nocturna*.

Arte moderno 183

SALA 105

ESCULTURA MODERNA
Formas irreales

En las galerías anteriores hemos visto que las esculturas tienen que ser objetos reconocibles, como representaciones de personas, ¿no? Pues no. Los escultores modernos crearon obras que no se asemejan a la vida real. A esto se le llama arte abstracto. Las piezas de esta sala muestran cómo utilizaban líneas y formas interesantes para representar temas familiares, como una persona, pero de una manera totalmente nueva.

EN PERFECTO EQUILIBRIO
ISAMU NOGUCHI, KOUROS, 1944-1945

En el arte griego antiguo un *kouros* es una escultura de un joven (sala 17). Esta gran escultura del artista japonés-americano Isamu Noguchi es una versión abstracta de un *kouros*. Dos grandes piezas de mármol rosa han sido encajadas como las piezas de un puzle. Se mantiene en equilibrio gracias a la gravedad y al apoyo de solo dos pasadores de mármol.

TALLAR EL VACÍO
BARBARA HEPWORTH, DOS FIGURAS (MENHIRES), 1954-1955

Los espacios abiertos de esta escultura son tan interesantes como las piezas de madera tallada que puedes ver. Las zonas vacías de una escultura o los espacios en blanco de un cuadro se denominan **espacio negativo**. En lugar de añadir material para construir su escultura, Hepworth lo elimina para crear una forma. De repente, lo que no está es tan importante como lo que está. Hepworth era increíblemente hábil a la hora de crear interesantes esculturas con espacios negativos. Este muestra dos figuras abstractas cuyas formas redondeadas se inspiran en unos antiguos monumentos de piedra llamados menhires.

COLLAGE
Arte con retazos

SALA 106

¿Has recortado alguna vez trozos de papel y los has pegado en un folio para hacer un diseño? Si es así, ¡has hecho un *collage*! Los cubistas (sala 93) utilizaban esta técnica con frecuencia. Pegaban trozos de periódico, papel pintado y otros materiales en los cuadros. Muchos artistas de otros movimientos continuaron con esta idea, creando cuadros enteros a partir de *collage*s. A veces incluso lo hacían con un ordenador.

UN DÍA DE VERANO EN HARLEM

ROMARE BEARDEN, VERANO, 1967

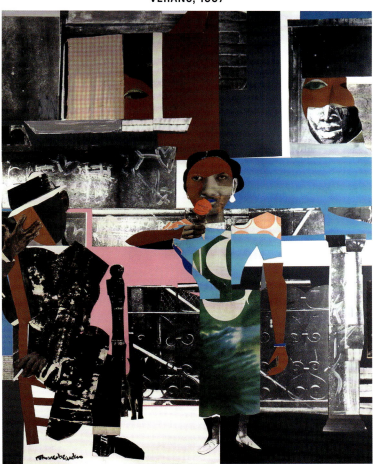

En este *collage* vemos a una mujer disfrutando de un helado en un día de verano en Harlem, Nueva York. En 1965, Romare Bearden comenzó a experimentar con recortes de revistas y fotografías para mostrar escenas de la vida afroamericana. ¿Puedes identificar las otras tres figuras de esta obra? Hay un hombre sentado junto a la mujer y dos personas que se asoman por las ventanas detrás de ella. La figura central sostiene su cucurucho como si fuera un micrófono, lo que podría ser un guiño a una famosa canción de blues titulada *Summertime*.

MENSAJE EN LOS RECORTES

HANNAH HÖCH, CORTE CON EL CUCHILLO DE COCINA DADAÍSTA A TRAVÉS DE LA ÚLTIMA ÉPOCA CULTURAL DE WEIMAR EN ALEMANIA, 1919

Cuando un *collage* se realiza a partir de fotografías, se llama **fotomontaje**. Esta técnica era muy popular entre los dadaístas (sala 95) y Hannah Höch fue una de las primeras artistas en utilizarla. Su trabajo solía tener un mensaje. ¿Puedes ver la palabra «anti», que significa «contra»? La sitúa junto a los líderes políticos que se oponían al arte dadaísta. En otra sección de este *collage*, muestra un mapa de los lugares donde las mujeres podían votar y coloca su foto cerca. Esto demuestra que apoyaba el derecho al voto de las mujeres.

Arte moderno 185

GALERÍA R
Arte posmoderno y contemporáneo desde mediados del siglo xx

En esta galería vale todo. Las obras pueden ser tan grandes como para ocupar una habitación o estar hechas a partir de los objetos que hay en ella. Pueden ser hiperrealistas o representar algo que no has visto jamás. El único límite es tu imaginación.

Los artistas tienen la costumbre de crear constantemente estilos muy diferentes a los que les preceden. El posmodernismo es la época posterior al arte moderno, un periodo en el que los artistas exploraron muchos estilos diferentes a los que has visto en la anterior galería. A partir de mediados del siglo xx, desafiaron lo tradicional y trabajaron con nuevos materiales y técnicas. Aunque a estos diferentes estilos y sus peculiaridades se les ponen etiquetas, la verdad es que muchos existieron al mismo tiempo. Fue una época emocionante para ser artista.

Muchos de los artistas que descubrirás en esta galería siguen trabajando en la actualidad. Las obras de artistas vivos y las realizadas en la historia reciente se llaman arte contemporáneo. Al recorrer esta galería, verás cómo utilizan sus obras para expresar sus sentimientos, experimentar con nuevas ideas y mostrar el cambiante mundo que nos rodea.

SALAS 107-128

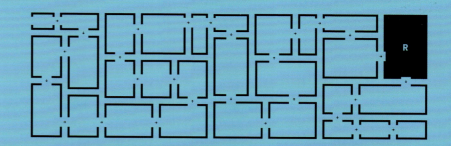

EL ARTE NO TIENE FRONTERAS

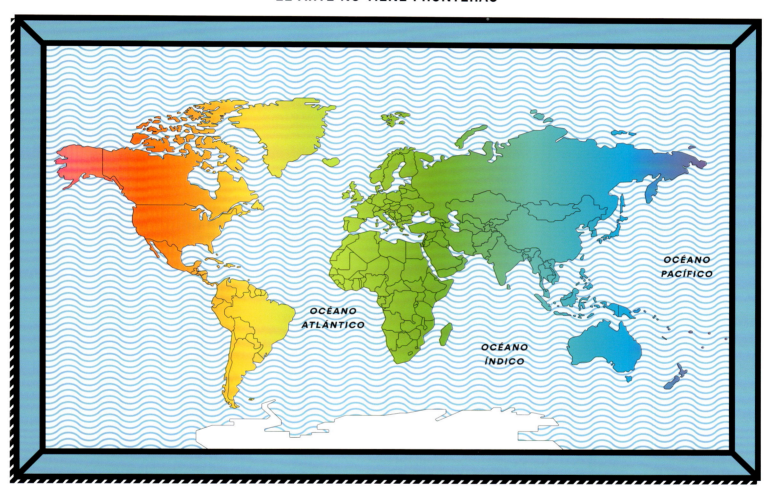

LAS PERSONAS ESTÁN MÁS CONECTADAS QUE NUNCA. ALGUNOS MOVIMIENTOS FUERON INTERNACIONALES Y ARTISTAS DE TODO EL MUNDO PARTICIPARON EN ELLOS. A VECES LOS ARTISTAS NACEN EN UN PAÍS Y TRABAJAN EN OTRO, ASUMIENDO NUEVAS IDEAS DE DISTINTOS LUGARES. PARA LOS ARTISTAS DE HOY EN DÍA, NO HAY FRONTERAS Y UTILIZAN MEDIOS Y ESTILOS DIFERENTES.

Arte posmoderno y contemporáneo desde mediados del siglo xx

EXPRESIONISMO ABSTRACTO
Exprésate

SALA 107

El expresionismo abstracto combina formas no realistas (arte abstracto) con el arte que muestra las emociones del artista (expresionismo). Algunos artistas utilizaban salpicaduras y rayas para pintar una persona o un objeto. Otros crearon cuadros **no representativos**, es decir, que no muestran ni una persona ni un objeto. Otros realizaron pintura de acción, utilizando gestos como lanzar pintura, para dar color en el lienzo.

PAISAJES ABSTRACTOS
JOAN MITCHELL, SALUT TOM, 1979

Este cuadro ocupa una pared entera. Joan Mitchell aplicó los colores sobre el lienzo con pinceladas gruesas y dejando que la pintura gotease. Las áreas amarillas de la parte superior son el cielo y las negras y verdes forman el suelo. Está formado por cuatro grandes paneles y el resultado es un paisaje.

ARTE AVENTURERO
LEE KRASNER, OTRA TORMENTA, 1963

Krasner fue un miembro clave del expresionismo abstracto. Estudió pintura tradicional y moderna, pero creía que los artistas debían probar nuevos estilos para hacer su trabajo más emocionante. Se sabe que incluso rompía sus obras cuando no le gustaban. Las paredes y el suelo de su estudio estaban cubiertos de salpicaduras de color. Este cuadro transmite la energía de sus expresivas pinceladas.

¡PLAS!

JACKSON POLLOCK, UNO: EL NÚMERO 31, 1950

A Jackson Pollock se le conoce por sus llamativas y desordenadas pinturas de acción. Ponía enormes lienzos en el suelo y luego arrojaba salpicaduras o gotas de pintura sobre la superficie. A veces dejaba sus huellas en el lienzo al desplazarse. Pollock acumulaba capas de color con diferentes tipos de pintura, incluida pintura doméstica normal.

CAPAS OCULTAS

WILLEM DE KOONING, MUJER I, 1950-1952

¿Puedes apreciar la gran diferencia entre esta obra y las de Krasner y Pollock de esta sala? El cuadro de Willem de Kooning muestra a una persona, mientras que los demás no reflejan nada concreto. De Kooning se inspiró en las pinturas cubistas de Picasso (sala 93), así como en las enérgicas pinceladas de las pinturas de acción de Pollock. Esta pieza pertenece a su serie más famosa de pinturas de mujeres. Tardó dos años en terminarla porque De Kooning raspaba y repintaba muchas zonas repetidas veces, de modo que el lienzo quedaba cubierto de gruesas capas de pintura. Algunas zonas escurren sobre otras o están aplicadas de forma tan fina que dejan ver las capas que hay debajo.

? SABÍAS QUE…

El expresionismo abstracto fue el primer movimiento artístico internacional que se inició en Estados Unidos. Comenzó en la década de 1940 en Nueva York, tras la Segunda Guerra Mundial e inspiró a tantos artistas que la ciudad se convirtió en una de las más importantes del mundo para hacer y descubrir arte.

CAMPOS DE COLOR
Color por todas partes

No encontrarás nada sembrado en estos campos de color ya que se trata de lienzos a los que se les han añadido manchas de color.

Las pinturas llamadas de «campo de color» utilizaban un estilo abstracto donde no aparecían personas, ni animales u objetos. El color en sí

mismo era el verdadero protagonista. Los cuadros solían tener un tamaño enorme, de modo que, cuando el espectador se colocaba delante de ellos, tenía la sensación de estar completamente rodeado de vivos colores.

¡EMPAPADO!

HELEN FRANKENTHALER, SUSANA DE OJOS NEGROS, 1988

Helen Frankenthaler creó su atrevida obra extendiendo un enorme lienzo y arrojando cubos de pintura por su superficie. Utilizaba pinturas al óleo muy diluidas y dejaba que el lienzo se empapara bien y creará una mancha de color. ¿Ves cómo esta técnica deja capas más finas de pintura? El efecto es muy diferente al que se obtiene al utilizar pinceladas gruesas sobre un lienzo. Echa un vistazo a la obra de Van Gogh *La noche estrellada* (pág. 164) para comparar y contrastar. Este cuadro está inspirado en los llamativos colores amarillo, rosa y negro de la flor de la planta Susana de ojos negros.

👁 ¿Qué otros artistas crearon obras mediante gestos, como arrojar pintura sobre un lienzo? Pista: ve a la sala 107.

SALA 108

UNA EXPERIENCIA EMOCIONAL

MARK ROTHKO, HOMENAJE A MATISSE, 1954

A través de sus coloridos cuadros, Rothko buscaba provocar reacciones emocionales en el espectador. Pintaba piezas enormes y animaba a la gente a situarse muy cerca para que se sintieran como si estuviesen dentro del cuadro. Al ver su obra, algunas personas se han echado a llorar. ¿Ves cómo los límites de los colores son irregulares y se mezclan con el fondo amarillo? Trabajaba colocando finas capas de pintura una encima de otra, de modo que los colores que había debajo asomaban ligeramente.

DISEÑOS DE VIVOS COLORES

ALMA THOMAS, PRIMAVERA EN WASHINGTON, 1971

Alma Thomas estudió arte en la Universidad de Howard (EE. UU.), donde sus profesores la animaron a probar el estilo abstracto. Tras licenciarse, se convirtió en maestra de escuela y solo cuando se jubiló empezó a experimentar con su propio estilo. Thomas se interesó por el movimiento del campo de color y, a los setenta y cinco años de edad, se hizo famosa cuando expuso por primera vez su obra. *Primavera en Washington* muestra su personal estilo de pinceladas cortas y colores vivos que parecen mosaicos.

MINIMALISMO
Menos es más

SALA 109

Un «mínimo» es la menor cantidad necesaria de algo. El minimalismo utiliza formas muy sencillas y un número reducido de colores. Frank Stella al describir este movimiento, decía: «Lo que ves es lo que ves».

Este grupo de artistas no intentaba pintar cosas del mundo real ni mostrar emociones. Querían que el espectador se limitara tan solo a pensar en las formas y los colores que tenía delante.

FORMAS PLANAS

ELLSWORTH KELLY, ROJO AZUL VERDE, 1963

Kelly es famoso por sus cuadros minimalistas de formas brillantes y sencillas. ¿Te das cuenta de que en este cuadro los bordes son muy nítidos y no hay sombras? Esto hace que parezcan planas y no resalten. Las formas de Kelly tampoco están perfiladas y se diferencian unas de otras porque los colores son muy diferentes. Kelly se inspiró en la pintura cubista (sala 93), que también tenía colores y formas planas. Observaba los objetos que veía en el mundo real y utilizaba el menor número posible de elementos para reflejarlos de forma interesante.

? SABÍAS QUE...

Durante la Segunda Guerra Mundial, Ellsworth Kelly perteneció al Ejército Fantasma de Estados Unidos, una unidad de unos 1100 hombres que construían y pintaban aviones, tanques y edificios falsos. El objetivo era engañar a las aeronaves nazis que sobrevolaban la zona para que atacasen a las tropas falsas y no a las de verdad que estaban en otro lugar.

Arte posmoderno y contemporáneo desde mediados del siglo xx

SALA 110

ARTE CONCEPTUAL
¿Cuál es la Gran Idea?

Un concepto es una idea, de modo que el arte conceptual consiste en expresar ideas a través del arte. Hay dos enfoques: uno es cuando el artista crea una obra para explorar una idea, y el otro cuando lo hace para *hacerte* pensar. En estas obras, el espectador es parte esencial ya que lo que piensa de la obra sirve para establecer su significado. Este arte puede utilizar cualquier medio, como la escultura, la pintura o la *performance*.

¡TIBURÓN!

DAMIEN HIRST, LA IMPOSIBILIDAD FÍSICA DE LA MUERTE EN LA MENTE DE UN SER VIVO, 1991

Sí, es un tiburón de verdad, pero no, no está vivo. Esta es una de las obras más famosas de Hirst. Este tiburón tigre está flotando en un tanque de formaldehído (un líquido conservante). Lo vemos en una postura muy agresiva, con la boca abierta y listo para morder. Hirst planificó su obra con la ayuda de científicos para que el líquido conservante fuera el adecuado. Siente curiosidad por la vida y la muerte, por lo que muchas de sus obras tratan de hacernos reflexionar sobre estas ideas.

EL ARTE DE PLANIFICAR

SOL LEWITT, CUBO MODULAR ABIERTO, 1966

En la década de 1960, LeWitt empezó a crear esculturas empleando cubos como si fuesen bloques de construcción. *Cubo modular abierto* es un gran cubo hecho de otros más pequeños. A medida que el espectador se desplaza, las líneas de los cubos se cruzan y crean interesantes formas y efectos visuales. LeWitt hizo muchas esculturas de este tipo, a las que llamó «estructuras». Pensaba que los artistas conceptuales debían planificar sus ideas antes de convertirlas en arte.

❓ SABÍAS QUE…

Sol LeWitt vendió dibujos murales que no hacía; en su lugar daba instrucciones detalladas sobre cómo hacerlos, junto con una hoja firmada para demostrar que la idea era realmente suya.

OP ART
No es lo que parece

SALA 111

No te dejes engañar por lo que ves. Este arte utiliza las ilusiones ópticas para confundir al ojo. Los artistas emplean las líneas, los colores y las formas de manera inteligente para crear imágenes que parecen moverse o difuminarse. Esta técnica también se puede utilizar para hacer aparecer una forma tridimensional en una superficie **bidimensional**. Cuanto más se miran, más interesantes nos resultan.

DIFERENTES ÁNGULOS
JESÚS RAFAEL SOTO, LA ESFERA LUTÉTIA, 1995

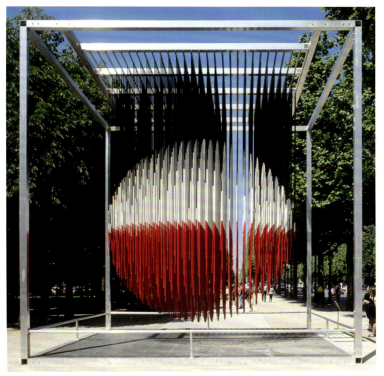

Esta escultura cambia a medida que te mueves a su alrededor. Si te sitúas en uno de los extremos, parece una serie de hileras de barras colgantes ordenadas con un diseño circular. Al caminar, da la impresión de que los espacios entre las barras cambian de posición y se mueven. Soto utiliza a menudo líneas o barras colgantes o que sobresalen del suelo en sus obras. De este modo, una escultura colgante puede moverse según el movimiento del viento, mientras que las piezas que están fijas en el suelo cambian cuando el espectador se desplaza y las observa desde distintos ángulos.

👁 La escultura de Soto parece una esfera colgada en el cielo. ¿En qué otras obras de esta sala puedes ver formas geométricas?

LÍNEAS ENERGÉTICAS
BRIDGET RILEY, CAÍDA, 1963

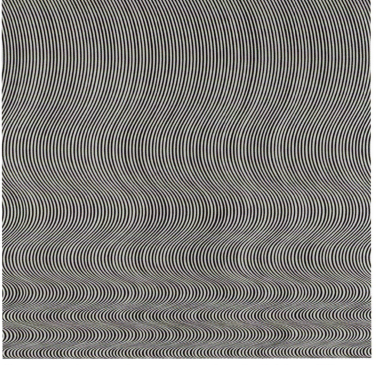

Cuanto más se mira este cuadro de Bridget Riley, más parece vibrar y moverse. El efecto es aún más intenso si no enfocas la vista sobre él. ¿Notas cómo las líneas se vuelven ligeramente más finas en las zonas curvas? Esto proporciona un efecto tridimensional que hace que parezca un tejido ondulado. Riley fue una de las principales artistas del movimiento *op art*. Tenía una excelente habilidad para unir formas y líneas en diseños cargados de energía que consiguen engañarnos.

👁 ¿Quieres crear tu propio *op art*? Intenta dibujar líneas muy separadas y muy juntas para ver qué efectos puedes conseguir.

Arte posmoderno y contemporáneo desde mediados del siglo xx

POP ART
Arte para todos

SALA 112

¿Has visto alguna vez una lata de tomate en conserva y pensado «esto es una obra de arte»? Pues eso es, precisamente, lo que hicieron algunos artistas de la década de 1950. «Pop» es abreviatura de «popular», porque este movimiento se inspira en cosas populares, como cómics, periódicos, películas o envases de productos. Pensaban que los objetos cotidianos eran tan artísticos como cualquier obra de una galería.

¡PUM!

ROY LICHTENSTEIN, WHAAM!, 1963

¿Te parece que este cuadro está sacado de una viñeta de un cómic? Seguro que sí, porque lo es. Roy Lichtenstein se basó en los dibujos de *All-American Men of War* de DC Comics. Aunque pintó la imagen a mano, Lichtenstein recreó la técnica de los llamados puntos Ben-Day (una técnica de impresión para crear colores) que se utilizaba en revistas y cómics. Hasta la aparición de su obra los anuncios y los cómics no se consideraban obras de arte que se pudieran exponer en una galería.

LATAS EMBLEMÁTICAS

ANDY WARHOL, LATAS DE SOPA CAMPBELL, 1962

A Warhol le interesaba mucho el tema de la fama y le encantaba incluir a famosos y marcas populares en sus obras. Una de sus series más conocidas es la de las latas de sopa Campbell. ¿A que cada uno de estos 32 cuadros parece idéntico? Warhol lo hizo intencionadamente porque le interesaban las técnicas de impresión que se empleaban para que los productos comerciales fueran exactamente iguales. Utilizó sellos para hacer el dibujo dorado de la parte inferior y pintó el resto a mano.

¡BOMBA!

DAVID HOCKNEY, EL GRAN CHAPUZÓN, 1967

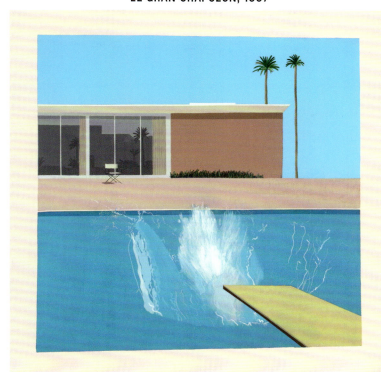

Ya desde muy joven, a Hockney le gustaba garabatear y hacer arte. Cuando se mudó a Los Ángeles, se interesó por los paisajes de la ciudad, tan diferentes de los de su hogar en Gran Bretaña. Creó una serie de cuadros de piscinas en los que exploró diferentes efectos en el azul del agua. *El gran chapuzón* es un momento congelado en el tiempo, justo después de que alguien se haya tirado a la piscina.

TODO EMPEZÓ EN GRAN BRETAÑA

RICHARD HAMILTON, ¿QUÉ ES LO QUE HACE QUE LOS HOGARES DE HOY SEAN TAN DIFERENTES, TAN ATRACTIVOS?, 1956

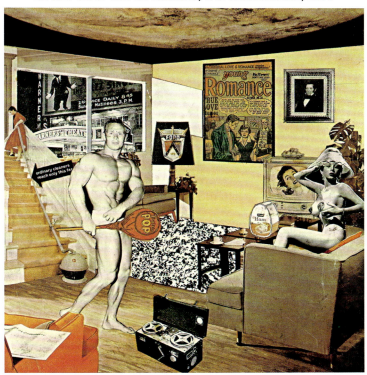

Este *collage* es una de las primeras obras clave del arte pop. En él vemos una casa de ensueño de la década de 1950 construida a partir de fotos recortadas de revistas estadounidenses. Está llena de productos populares, como cómics o el chupachups gigante que sostiene el culturista. Muchos de estos artículos nos pueden parecer viejos, pero en aquella época eran ultramodernos.

PALABRAS MUY LLAMATIVAS

ROBERT INDIANA, AMOR, 1966

A Robert Indiana le fascinaban los carteles, los anuncios y las imágenes sobre la vida en Estados Unidos. Muchas de sus pinturas y esculturas muestran palabras o números. Esta imagen de la palabra «love» es muy famosa. ¡Parece el rótulo de una tienda! La primera versión se diseñó como postal de Navidad para el Museo de Arte Moderno de Nueva York en 1965. Desde entonces, se ha recreado en grabados, en sellos, en la escultura que ves aquí y en muchos otros sitios más.

? SABÍAS QUE…

Robert Indiana apareció en la película *Eat* (Comer) de Andy Warhol. En esta cinta, muda y en blanco y negro, le vemos comerse una seta durante 40 minutos. Solo descansa para acariciar a un gato.

MATERIALES INUSUALES
Todo vale

SALA 113

Durante siglos, las esculturas se han construido a partir de materiales como madera, arcilla o piedra. Cuando en la década de 1910 aparecieron los dadaístas (sala 95), demostraron que se podían hacer esculturas con cualquier cosa, ¡incluso con un urinario! Desde entonces, se han utilizado materiales cada vez más inusuales. Cuando se juntan varios objetos para crear una obra, al resultado lo llamamos ensamblaje.

UNA VENTANA AL ALMA
BETYE SAAR, VENTANA DE UN NIÑA NEGRA, 1969

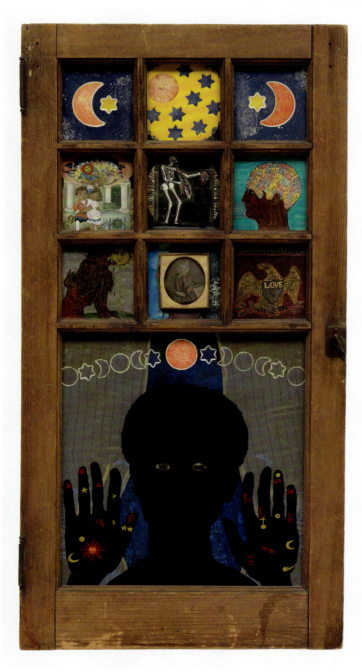

Betye Saar es conocida por sus ensamblajes que juegan con temas mágicos y relacionados con la vida de los afroamericanos. Para esta obra utilizó el marco de una ventana vieja. Vemos una figura que presiona sus manos contra un cristal imaginario. Da la sensación de que está atrapada en su interior mientras mira al espectador. Los ojos son el único rasgo visible de este personaje sombrío, y es que los ojos son como una «ventana» del alma.

COMBINACIONES GENIALES
ROBERT RAUSCHENBERG, MONOGRAMA, 1955-1959

Rauschenberg utilizaba una mezcla de técnicas y materiales de uso cotidiano para crear ensamblajes y obras de arte. A este tipo de obra lo llamaba «combinación», porque combinaba pinturas y objetos. *Monograma* es una de sus combinaciones más famosas. La base está hecha de periódicos y carteles viejos. Rauschenberg pago 15 dólares por la cabra disecada en una tienda de segunda mano y le colocó el neumático en el lomo.

INSTALACIONES
Rodeado de arte
SALA 114

Las **instalaciones** son obras de arte impactantes que pueden llegar a ser tan grandes como un edificio y están diseñadas para transformar un espacio. Algunas son tan amplias que se puede caminar por dentro, mientras que otras pueden ser una sola escultura o incluso una imagen proyectada en una pared. Lo importante es que la obra consiga que en un lugar concreto se experimente algo nuevo.

DE DENTRO HACIA FUERA
RACHEL WHITEREAD, CASA, 1993

¿Has pensado alguna vez en el aspecto que tendría el espacio vacío de una habitación si fuera sólido? Para esta instalación, Whiteread llenó de hormigón una casa de tres plantas en Londres. Creó una forma desde dentro hacia fuera del edificio vacío y dio vida al espacio negativo. Esta transformación de la casa significaba que, incluso después de derribar sus muros, seguía existiendo en ese espacio vacío, ahora sólido.

👁 Puedes ver otra interpretación artística de una casa en la página 208.

UN TEXTO ILEGIBLE
XU BING, EL LIBRO DEL CIELO, H. 1987-1991

Los 4000 caracteres chinos (símbolos utilizados para escribir) de *El libro del cielo* de Xu ocupan una sala entera. Los caracteres están cuidadosamente impresos en largas páginas que caen del techo, están colocadas por el suelo o cuelgan de las paredes. Pero ¡todas las palabras son inventadas! Bing tomó partes de caracteres chinos reales y los mezcló para crear palabras sin sentido, pero que parecen creíbles. La instalación muestra las páginas como si fueran un texto muy valioso y sagrado, pero las palabras no significan nada. Esta instalación invita al espectador a reflexionar sobre la importancia de la escritura.

HAZ ZOOM

Arte posmoderno y contemporáneo desde mediados del siglo xx

ESCULTURA CONTEMPORÁNEA
La vida en 3D

SALA 115

Casi cualquier obra de arte en 3D se puede considerar como una escultura contemporánea. Durante la primera mitad del siglo XX (sala 105) se utilizaban materiales como madera y mármol para realizar obras abstractas y, después, se experimentó con otros materiales. Hoy en día, las esculturas pueden estar hechas de muchos componentes, tener partes móviles, colgarse en una pared o ser tan grandes como una casa.

UN ESPEJO GIGANTESCO
ANISH KAPOOR, LA PUERTA DE LA NUBE, 2004-2006

Esta gigantesca escultura de Anish Kapoor pesa tanto como una ballena azul. La idea era que fuese tan brillante como un espejo para que el espectador se reflejase en ella y tan solo con mirarla se convirtiese en parte de la obra. Está hecha con 168 placas de acero que se soldaron y pulieron hasta que la escultura quedó brillante y las marcas de soldadura se hicieron invisibles. Se encuentra en el Parque del milenio de Chicago (Estados Unidos).

> **SABÍAS QUE…**
>
> Anish Kapoor es conocido por sus obras en las que los colores rojo y negro son los protagonistas, de hecho, le gusta tanto el negro que se embarcó en una búsqueda para encontrar el tono negro más oscuro del mundo.

ENCONTRAR EL ORO
LOUISE NEVELSON, MAREA REAL-AMANECER, 1960

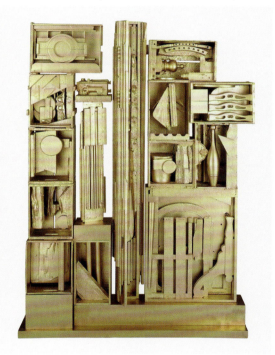

Nevelson creó enormes esculturas abstractas con objetos encontrados. Esta idea suponía una novedad con respecto a tallar las esculturas empleando materias primas. Sus esculturas incluían a veces piezas de mobiliario, madera y metal que se encajaban como un puzle y se pintaban del mismo color. Esta escultura corresponde a una serie llamada *Marea Real* en la que todas sus piezas se pintaron para que parecieran doradas. Se inspiró en el color del oro porque se encuentra en toda la naturaleza, como la brillante luz del sol.

TEJEDORES DE LA NATURALEZA
LOUISE BOURGEOIS, ARAÑA, 1997

Louise Bourgeois es conocida por sus enormes esculturas de arañas. Se inspiró en su madre, que era tejedora, y es que las arañas son las tejedoras del mundo animal. La araña de esta escultura podría ser una madre que protege a sus crías o un cazador que se come a su presa. Dentro de la jaula en forma de red, los objetos, como los tapices y su perfume favorito, tienen un significado especial para la artista.

👁 Si hay una araña, hay una telaraña. Ve a la página 211 para ver una tan real que podría atrapar moscas.

CAMPOS DE ACERO
DAVID SMITH, INSTALACIÓN EN EL CAMPO, H. 1960

David Smith tenía su estudio en una granja y a veces colocaba sus esculturas en hileras como si fueran cultivos. Es conocido por crear enormes esculturas abstractas de acero. Aprendió a soldar metales trabajando en una fábrica de coches y utilizó estas técnicas para hacer sus altísimas esculturas. Este grupo de formas altas y retorcidas se colocó en un campo del estado de Nueva York (Estados Unidos).

ARTE EN MOVIMIENTO
ALEXANDER CALDER, EL MÓVIL DE OTTO, 1952

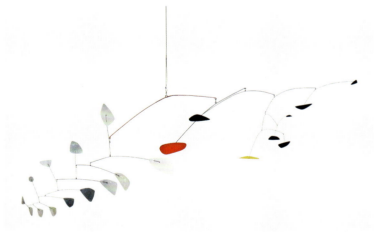

¿Sabías que Alexander Calder inventó los móviles a principios de la década de 1930? Un móvil es un tipo de escultura abstracta. Se compone de formas de colores que cuelgan de finos cables que permiten que algunas piezas giren y den vueltas. Fue Marcel Duchamp (pág. 171) quien llamó a estas esculturas «móviles». A una escultura con partes móviles la llamamos escultura cinética.

SALA 116

ARTE TEXTIL
Coser y tejer

Estamos rodeados de textiles: las alfombras que pisamos, la ropa que llevamos: ¡cualquier tipo de tela o material tejido! Durante mucho tiempo, se consideraron artesanía y se pensaba que no debían estar en un museo, pero eso cambió en la era moderna. Los artistas recuperaron antiguas técnicas y utilizaron materiales tradicionales con nuevos estilos para mostrar lo especiales que eran estos materiales para el arte.

AVENTURA EN EL MUSEO

FAITH RINGGOLD, BAILANDO EN EL LOUVRE, 1991

PRESUMIR

ANNI ALBERS, NEGRO BLANCO AMARILLO, 1926/1964

Esta obra cuenta la historia de un personaje llamado Willia Marie Simone, una joven afroamericana que se muda a París donde vive muchas aventuras. En la colcha podemos ver a Willia y sus amigos bailando delante de la *Mona Lisa* en el Museo del Louvre (París). Es la primera de doce colchas de una serie llamada «Colección francesa». En otras colchas, Willia continúa sus aventuras en las que conoce a personajes famosos como Pablo Picasso (pág. 169) y Rosa Parks. Faith Ringgold es célebre por utilizar técnicas tradicionales de bordado afroamericano para «pintar» con telas. Sus obras muestran desde un punto de vista creativo historias de grupos, como las mujeres y los afroamericanos, que a menudo han quedado fuera de la historia escrita.

👁 En esta colcha vemos a la *Mona Lisa* de Leonardo da Vinci. ¿Puedes encontrar otro cuadro suyo en el Ala 2?

Albers estudió en la escuela alemana Bauhaus, pero entonces las mujeres solo podían aprender ciertas técnicas. Escogió el tejido, lo que no le impidió probar nuevos diseños y crear tapices como *Negro Blanco Amarillo* a los que llamó «tejidos pictóricos», porque eran obras destinadas a ser piezas de exhibición. Su técnica era tan novedosa que se convirtió en la primera artista textil en protagonizar una exposición en el Museo de Arte Moderno de Nueva York.

TRABAJAR CON LA LUZ
Luces brillantes

SALA 117

La luz era fundamental para los impresionistas (sala 87). Observaban cómo el ángulo de incidencia del sol cambiaba la forma en que percibían el paisaje. En el siglo XX, los artistas comenzaron a controlar y a utilizar la luz, empleando bombillas de distintos colores y tamaños para iluminar espacios de forma diferente. También escribían mensajes con luces de neón y tanto la fuente de luz como su reflejo se podían convertir en arte.

MIDE TUS PALABRAS

JENNY HOLZER, PARA CHICAGO, 2007

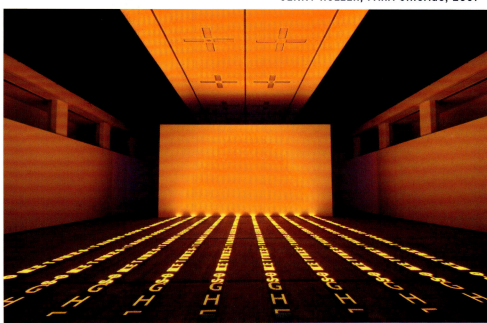

Esta fotografía muestra una hilera de tiras de luces LED con mensajes que se van moviendo. Holzer utiliza estas tiras para compartir sus ideas sobre el ser humano y la política. Este tipo de iluminación se emplea para mostrar noticias en espacios públicos, por lo que los mensajes de la obra de Holzer parecen proceder de una fuente oficial, como un periódico, por ejemplo.

👁 La escritura es una herramienta muy potente para los artistas. Ve a las páginas 61, 107, 185, 196, 197, 199 y 209 para ver cómo la han utilizado en sus obras.

ESCULTURAS DE LUZ

DAN FLAVIN, EL TRES NOMINAL (PARA GUILLERMO DE OCKHAM), 1963

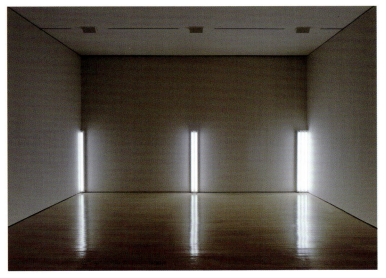

Flavin utiliza tubos fluorescentes para crear espacios brillantes. Este tipo de luces industriales se suele utilizar en edificios públicos, como comercios o escuelas, pero Flavin las convierte en obras de arte. Sus obras con luz son esculturas minimalistas (sala 109). El título de la obra rinde homenaje a Guillermo de Ockham, un filósofo del siglo XIV que decía que la mejor solución a cualquier problema es siempre la más sencilla. Esta obra de arte muestra la idea de contar hasta tres. A la izquierda hay una bombilla, luego dos y después tres, ¡qué sencillo!, ¿verdad?

👁 ¿Qué otras obras incluyen objetos cotidianos?

Arte posmoderno y contemporáneo desde mediados del siglo XX

SALA 117

FLOTANDO ENTRE LUCES

YAYOI KUSAMA, LUCIÉRNAGAS EN EL AGUA, 2002

Cuando la artista japonesa Yayoi Kusama era pequeña, imaginó que veía un campo de flores que le hablaba. Sintió que desaparecía en un campo interminable de puntos. Este recuerdo le sirvió de inspiración para utilizar luces, puntos y espejos para crear espacios de apariencia infinita. Entrar en esta sala es como flotar entre las estrellas del espacio. En ella, 150 pequeñas luces LED cuelgan del techo. ¿Has estado en una habitación revestida de espejos? ¿Recuerdas cómo tu reflejo se multiplica y parece que no tiene fin? Pues esta sala tiene paredes con espejos y un estanque de agua en el centro, de modo que los destellos de luz en la sala se multiplican. El espectador se sube a una plataforma para contemplar la **instalación**. Al parecer, algunas personas se han sentido tan extasiadas por la belleza de esta obra que se han caído de la plataforma y ¡han acabado en el estanque!

LAND ART
El mundo exterior

Imagina enormes esculturas al aire libre hechas con rocas o cuadros excavados en la tierra. El *land art* crea obras para animar a los espectadores a reflexionar sobre el medio ambiente y su interacción con la naturaleza. Algunos artistas utilizaron materiales naturales como rocas y madera. Otros, como Christo y Jeanne-Claude, emplearon materiales artificiales en un paisaje natural para resaltar el entorno.

CUBRIR UNA COSTA
CHRISTO Y JEANNE-CLAUDE, COSTA ENVUELTA, 92 900 METROS CUADRADOS DE TELA, 1968-1969

Christo y Jeanne-Claude eran un matrimonio de artistas que crearon enormes instalaciones al aire libre. En 1958 comenzaron a envolver objetos, como barriles de petróleo, en tela de lona. El tamaño de los objetos fue aumentando hasta llegar a envolver edificios y hasta una costa entera. Esta fotografía muestra un tramo de la costa australiana cubierto con tela. Para esta obra necesitaron la ayuda de arquitectos y alpinistas que les ayudasen a fijar la tela a los acantilados. El proyecto tardó un mes en completarse y solo se pudo ver durante diez semanas. A Christo y Jeanne-Claude les gustaba crear obras que solo se exhibiesen durante un corto periodo de tiempo. Era una forma de utilizar el arte para recordarnos que las cosas no duran para siempre.

ARTE ABORIGEN AUSTRALIANO
Historias antiguas, arte nuevo

SALA 119

Entre los nativos de Australia existen más de 400 grupos culturales. Hoy en día muchos artistas utilizan los estilos indígenas tradicionales para realizar pinturas y esculturas. En esta sala se exponen animales sagrados llamados *mimi*, figuras míticas que enseñan lecciones importantes o, incluso, engañan a la gente. Utilizar el arte para ensalzar las historias antiguas significa que se siguen transmitiendo de generación en generación.

UN CANGURO SAGRADO

JOHNNY LIWANGU, EL CANGURO GARRTJAMBAL Y LA HISTORIA DEL VIENTO DEL NORESTE, 1989

Esta pintura muestra al canguro sagrado Garrtjambal. Junto a él está la serpiente Arco Iris. Los mitos de estas dos criaturas provienen del Tiempo del Sueño, que describe las creencias indígenas y el origen del mundo. Liwangu trabaja con estilos similares a los de las pinturas rupestres australianas y también utiliza pigmentos naturales.

MANTENTE FIRME

PADDY DHATANGU, GEORGE MILPURRURRU, DAVID MALANGI, JIMMY WULULU Y OTROS ARTISTAS DE RAMINGINING, MEMORIAL ABORIGEN, 1987-1988

Este monumento fue creado por 43 hombres de una comunidad indígena australiana llamada Ramingining. Incluye 200 *dupun,* ataúdes de troncos huecos. Cada *dupun* simboliza un año que los indígenas han perdido como consecuencia de la llegada de los colonos europeos. Cada tronco tiene diseños y animales sagrados que se relacionan con diferentes clanes indígenas. Aunque el monumento se hizo para recordar un periodo de tristeza y pérdida, también muestra cómo los nativos continúan transmitiendo su rico patrimonio a las nuevas generaciones.

SALA 120 — ARTE FEMINISTA
El poder de la mujer

El feminismo afirma que todo el mundo debe recibir el mismo trato, ya sea hombre, mujer o de género no binario. Durante siglos, esto no ha sido así y las mujeres no podían votar en las elecciones ni realizar ciertos trabajos. Así que mujeres de todo el mundo se unieron para protestar contra este trato injusto. A partir de la década de 1960, las artistas crearon un arte que celebraba a las mujeres y promovía la igualdad para todos.

UNA CENA MEMORABLE
JUDY CHICAGO, LA CENA DE GALA, 1974-1979

En esta instalación Judy Chicago preparó un banquete al que estaban invitadas 39 destacadas mujeres. Entre ellas encontramos artistas como Artemisia Gentileschi y Georgia O'Keeffe (págs. 131 y 154), además de figuras históricas como Sojourner Truth, que luchó por la igualdad de derechos de las mujeres y los afroamericanos. Cada mujer tiene su propio asiento con algún elemento representativo de sus logros.

> **SABÍAS QUE…**
> Judy Chicago creó esta instalación después de asistir a una cena en la que solo hablaban los hombres.

UNA CASA INSÓLITA
MIRIAM SCHAPIRO, CASA DE MUÑECAS, 1972

Al simple vista, esta casa de muñecas no tiene nada de especial, pero Schapiro ha introducido cambios inesperados. Un monstruo aguarda en la habitación del bebé y en el último piso un oso mira por la ventana. En el estudio de pintura, vemos un cuadro de la artista. Las zonas consideradas propias de la mujer, como la habitación del bebé y la cocina, dan miedo. Pero el estudio de arte, que se creía que era para hombres, pertenece a una mujer. Schapiro lo hizo para criticar las viejas ideas sobre lo que pueden y no pueden hacer las mujeres y las niñas.

ARTE CHICANO
Permanecer juntos

SALA 121

«Chicano» es el término utilizado para referirse a los mexicano-americanos. En la década de 1960, cuando los chicanos empezaron a protestar contra el racismo y las injustas condiciones de trabajo surgió este movimiento artístico. Estos artistas querían que la gente se sintiera orgullosa de su herencia mexicana y su trabajo refleja influencias artísticas de la cultura popular mexicana y estadounidense.

GRANDES SUEÑOS
CARMEN LOMAS GARZA, CAMAS PARA SUEÑOS, 1985

Cuando Carmen Lomas Garza era una niña, encontró inspiración en el movimiento chicano y de adulta, como artista, reflejó la vida cotidiana de los mexicanoamericanos. En este cuadro la vemos junto a su hermana, sentadas en el tejado fantaseando con la idea de convertirse en artistas. A través de la ventana, se puede ver a su madre haciendo las camas en el interior. Muchos de sus cuadros se basan en sus experiencias en Texas (Estados Unidos), donde se crio.

APERITIVOS ASESINOS
ESTER HERNÁNDEZ, SUN MAD, 1982

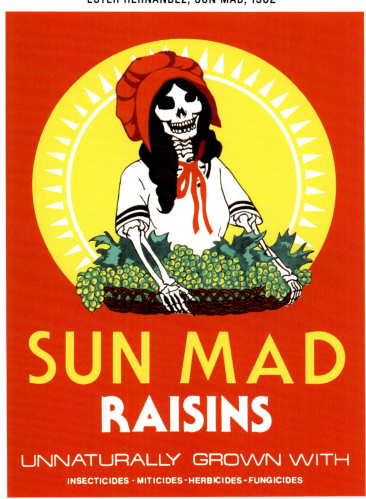

Ester Hernández creció en un pueblo vinícola de California. Allí conoció de primera mano cómo muchos chicanos protestaban por el trato que recibían, lo cual le sirvió de inspiración. Cuando su madre le contó que el agua de su pueblo estaba contaminada debido al uso de pesticidas, creó esta obra. Sustituye al vendimiador del logotipo de Sun Maid (un productor de uvas pasas) por un esqueleto y cambia el mensaje para denunciar que los cultivos utilizan productos químicos perjudiciales.

LA FOTOGRAFÍA HOY
Montar una escena

SALA 122

La fotografía no tiene por qué mostrar la vida real y es posible crear escenas inventadas. A medida que la tecnología avanzaba, algunos fotógrafos empezaron a editar sus fotos en un **cuarto oscuro** o en un ordenador. Así podían añadir cosas que no estaban en el momento de tomar la fotografía, cambiar los colores o combinar fotografías. Es como un *collage*, salvo que parece que lo que ves ha sucedido realmente.

IDEAS OPUESTAS
SHIRIN NESHAT, SIN TÍTULO (RAPTO) DE LA SERIE «RAPTO», 1999

Shirin Neshat es una fotógrafa y videoartista iraní. Le gusta crear escenas que animen al público a pensar en dos ideas opuestas, como por ejemplo la forma de considerar a los hombres y a las mujeres. Para su serie «Rapto», Neshat fotografió a mujeres y hombres musulmanes en dos grupos separados. Los hombres se muestran en edificios y las mujeres (como las que ves aquí) en la naturaleza. Este contraste invita a pensar en las similitudes y diferencias entre las personas y en el porqué de esas diferencias.

SE FUE VOLANDO
JEFF WALL, UNA REPENTINA RÁFAGA DE VIENTO (HOMENAJE A HOKUSAI), 1993

Esta fotografía capta el momento en el que una ráfaga de viento se lleva los papeles de las manos de un hombre de negocios. Aunque da la impresión de que se tomó justo en ese instante, se trata de una combinación de varias fotografías. Está inspirada en un grabado del artista japonés Katsushika Hokusai (sala 85) titulado *Ejiri en la provincia de Suruga*. Wall crea fotografías inspiradas en obras anteriores para que podamos observarlas de una manera diferente.

👁 ¿Qué otros artistas se inspiraron en obras japonesas? Ve a la sala 86.

PINTURA HIPERREALISTA
Pintura vs. fotografía

SALA 123

Durante siglos, la pintura y la escultura eran la única forma de mostrar el aspecto de una persona. Con la aparición de la fotografía en el siglo XIX, ya no era tan importantes para cumplir esta función, pero eso no significa que los artistas dejaran de pintar obras realistas: ¡todo lo contrario! Los cuadros de esta sala parecen tan reales que tendrás que mirarlos dos veces para convencerte de que no son fotografías.

PADRE E HIJA
GERHARD RICHTER, BETTY, 1988

A Gerhard Richter le fascina el modo en que las fotografías son capaces de conservar un recuerdo o una historia. Las cámaras toman fotos en el momento en que suceden y a Richter le gusta pensar como si él fuese un cámara mostrando las escenas tal y como son. Esta pintura está basada en una fotografía de su hija Betty cuando tenía once años y no incluye ningún toque personal que nos dé pistas de que fuese pintado por su padre. La textura de la ropa y los detalles del cabello son increíblemente realistas.

IMAGINANDO LA NATURALEZA
VIJA CELMINS, WEB #3, 2000-2002

Vija Celmins pinta escenas de la naturaleza extraordinariamente realistas, a partir de fotografías. Su obra suele ser en blanco y negro y refleja interesantes texturas, como olas y rocas. Este cuadro muestra las delicadas líneas de una tela de araña. Celmins afirma que el proceso de dibujar y pintar es muy importante para ella, así que podemos imaginar que puso tanto cuidado en pintar esta tela como la araña que la construyó.

HAZ ZOOM

Arte posmoderno y contemporáneo desde mediados del siglo XX

DESCOLONIZAR EL ARTE
Causa y efecto

SALA 124

Muchas culturas han sufrido el impacto de la colonización (cuando un conjunto de personas o un país invade y domina a otro). Como consecuencia, muchas personas se han visto obligadas a cambiar sus tradiciones o abandonar su tierra natal. Descolonizar significa poner fin a esos cambios destructivos. Las obras de esta sala invitan al espectador a reflexionar sobre la colonización y sus consecuencias.

NUESTRO PASADO COMPARTIDO
YINKA SHONIBARE CBE, LA DAMA OCIOSA (CON OCELOTES), 2001

¿De dónde vienen nuestras tradiciones? El artista británico-nigeriano Yinka Shonibare CBE crea esculturas que nos hacen pensar en el origen de nuestra cultura. Utiliza telas con **estampado a la cera** típicas de muchos pueblos de África Occidental. Estas telas estaban influenciadas por los diseños indonesios que los colonizadores británicos y holandeses llevaron a África. En esta escultura, Shonibare juega con la idea del multiculturalismo (pertenencia a diferentes culturas) mostrando a una mujer de clase alta con un vestido de estilo victoriano elaborado con estampados a la cera mientras pasea tres ocelotes (gatos salvajes americanos).

IDEAS DESAFIANTES
KARA WALKER, NUEVA DANZA NUBIA (DETALLE), 1998

A Kara Walker no le asusta crear obras de arte que incomoden al público. Muchas de sus obras muestran la terrible historia de la esclavitud y el racismo en Estados Unidos. Esta instalación utiliza siluetas de papel negro de mujeres que saltan y bailan en el aire como si fueran brujas, poniendo de relieve una de las muchas ideas negativas y falsas que se tenían sobre las mujeres africanas y afroamericanas. Walker nos pide que reflexionemos sobre cómo se ha tratado a las mujeres negras desde la época del colonialismo hasta la actualidad.

👁 El arte puede ayudarnos a abordar las injusticias. Ve a la página 167 para ver cómo otro artista desafió los estereotipos.

PERFORMANCE
Actuación

SALA 125

Una *performance* sucede cuando una persona o grupo realiza una o varias acciones para crear una obra de arte. Puede ser una acción simple, como la de un artista empujando un bloque de hielo por la calle, o puede implicar a muchos actores. Estas obras suelen ser un tipo de arte conceptual (sala 110) e invitan al espectador a reflexionar sobre una idea a través de la experimentación de algo nuevo e interesante.

HACER ALGO PARA NADA
FRANCIS ALŸS, PARADOJA DE LA PRAXIS I, 1997

Normalmente, cuando los artistas dedican tiempo a un proyecto, lo lógico es que esperen que el resultado sea una gran obra de arte. Pero esto no es siempre así, sobre todo después de que Francis Alÿs hiciera esta obra. El artista se dedicó a empujar un gran bloque de hielo, que fue desapareciendo a medida que recorría Ciudad de México durante nueve horas. Por eso el título más largo de esta obra incluye la frase «A veces hacer algo no lleva a nada». Es lo contrario de lo que se podría esperar del proceso creativo. La *performance* tuvo lugar en México porque Alÿs quería que los espectadores pensaran en los enormes esfuerzos que tienen que hacer muchos latinoamericanos para ganar algo de dinero. La idea muestra que, incluso después de todo ese trabajo, a veces lo que ganan no es suficiente.

👁 ¿Qué otras obras de esta galería reflejan las duras condiciones de los trabajadores?

SALA 126

VIDEOARTE

¡Luces, cámara, acción!

Los artistas comenzaron a hacer videoarte en la década de 1960, cuando los equipos de grabación domésticos se hicieron asequibles. A diferencia de una película, el videoarte no siempre necesita contar una historia o tener actores. Sus obras pueden registrar una *performance* (sala 125) o ser como un lienzo digital. Suele mostrarse en pantallas de televisión o proyectarse en las paredes de una galería de arte.

FLOWER POWER

PIPILOTTI RIST, SIEMPRE ESTÁ POR TODAS PARTES, 1997

Esta pieza de videoarte comienza con una mujer que camina por la calle muy sonriente. En su mano lleva una flor con un largo tallo como que sujeta como si fuera una antorcha olímpica. De repente, empieza a romper las ventanillas de los coches con ella. Todo es destructivo y alegre al mismo tiempo. Rist es famosa por crear este tipo de videos en los que las mujeres son las protagonistas.

? SABÍAS QUE…

En 2016, la cantante Beyoncé se inspiró en esta obra de videoarte de Pipilotti Rist para su video musical *Hold Up*.

EL PRIMER VIDEOARTISTA

NAM JUNE PAIK, BANDERA DE VIDEO, 1985-1996

Paik es el primer creador del videoarte. Comenzó utilizando grabaciones antiguas, pero también filmó las suyas propias. *Bandera de video* consiste en una serie de televisores con pantallas de colores dispuestas según el diseño de la bandera estadounidense. En las azules hay imágenes de los presidentes del país entre 1945 y 1996, mientras que en las rojas y blancas aparecen fragmentos de noticias.

👁 ¿Puedes encontrar otra bandera estadounidense en esta Ala?

NEOEXPRESIONISMO
Pintar lo que hay dentro

SALA 127

Los neoexpresionistas fueron la nueva generación de pintores expresionistas. Se inspiraron en los colores vivos y las pinceladas texturizadas de estilos artísticos anteriores, como el expresionismo alemán (sala 96). No hacían un arte que obligara a pensar, como el conceptual (sala 110), sino que querían pintar personas, lugares y cosas para mostrar lo que sentían por el mundo que los rodeaba.

LLEVAR LA CORONA
JEAN-MICHEL BASQUIAT, GRILLO, 1984

Jean-Michel Basquiat empezó a crear arte pintando grafitis en trenes y edificios con sus amigos. Algunos artistas y críticos se fijaron en su obra y, con el tiempo, empezó a hacer arte para exponerlo en galerías. Basquiat es famoso por sus enérgicas pinturas. A través de trazos, palabras escritas y colores vivos el espectador siente la intensidad de sus emociones. ¿Ves las coronas en este cuadro? Muchos de los cuadros de Basquiat tienen figuras afroamericanas con coronas o halos para representarlas como héroes y reyes. La corona de pinchos de la figura de la izquierda es similar a las esculturas nkisi de África Central. Este tipo de esculturas tienen piezas afiladas de metal que sobresalen, por lo que Basquiat utilizó clavos de verdad en algunas partes de esta obra.

SALA 128

PINTURA CONTEMPORÁNEA
¿Qué está pasando?

La era contemporánea comienza en la década de 1960 y llega hasta la actualidad. Incluye los movimientos que has visto en esta galería, pero también algunos estilos que ni siquiera tienen nombre todavía.

En el futuro, los historiadores del arte podrán estudiar y agrupar estas ideas en nuevos movimientos. En esta sala verás una selección de pinturas desde la década de 1980 hasta el siglo XXI.

RETRATOS HONESTOS

ALICE NEEL, AUTORRETRATO, 1980

Este es uno de los dos únicos autorretratos que hizo Alice Neel y tardó cinco años en terminarlo. Pintó su cuerpo exactamente como era a sus ochenta años. Bromeaba diciendo que sus mejillas están enrojecidas porque el cuadro le costó mucho tiempo y esfuerzo. Muchas de las figuras de las obras de Alice Neel parecen establecer un contacto visual directo con el espectador y logra crear una conexión entre la persona que mira y la obra.

👁 Busca otro autorretrato en el Ala 2 que muestre al artista sosteniendo un pincel.

UN PRIMER PLANO DE LA CURIOSIDAD

YOSHITOMO NARA, QUIERO VER LUCES BRILLANTES ESTA NOCHE, 2017

Yoshitomo Nara tiene un estilo único muy fácil de reconocer. En muchos de sus cuadros vemos un primer plano de una niña sobre un fondo de color sólido. Las figuras suelen tener rasgos sencillos, como ojos grandes y una boca expresada con una línea recta. ¿Qué crees que está pensando la chica de este cuadro? A Nara le gusta pintar a una persona que exprese sentimientos, como tristeza o rebeldía, lo que permite imaginar una historia a su alrededor.

👁 A menudo las obras de Nara se comparan con dibujos de cómic. ¿Puedes encontrar otra imagen parecida a un cómic en la página 196?

ALMUERZO EN LA HIERBA
KERRY JAMES MARSHALL, TIEMPOS PASADOS, 1997

Tiempos pasados es una de las grandes obras de James Marshall. En esta pintura vemos a una familia afroamericana disfrutando de un pícnic en un lago durante un día soleado. Si no fuera por algunos elementos modernos, como la lancha y los rascacielos del fondo, podría parecer un cuadro de la época de Édouard Manet (pág. 163), y esa fue precisamente su intención. Marshall pinta afroamericanos inspirándose en los grandes estilos del siglo XIX, algo completamente nuevo en la historia del arte occidental.

LA PRIMERA DAMA
AMY SHERALD, PRIMERA DAMA MICHELLE OBAMA, 2018

Este es un retrato de Michelle Obama, esposa del 44.º presidente de Estados Unidos, Barack Obama. Cada presidente y su esposa (la Primera Dama) son retratados al final de su mandato. Los cuadros de personas de Amy Sherald suelen tener color por todas partes, excepto en la piel, que siempre está pintada para que parezca una fotografía en blanco y negro. Se inspira en las fotografías antiguas y en cómo, en el pasado, las familias negras utilizaban las cámaras para fotografiar sus vidas tal y como querían mostrarlas.

❓ SABÍAS QUE…

En este cuadro, el vestido de Michelle Obama se inspira en los diseños de las colchas de un grupo de mujeres afroamericanas de Gee's Bend, Alabama (Estados Unidos). Ellas y sus antepasados llevan haciendo colchas desde principios del siglo XIX, incluso cuando sus miembros eran esclavos en una plantación propiedad de Joseph Gee.

GALERÍA DE SELFIS

¿Te apetece hacerte un selfi para enseñar tu visita a tus amigos? ¡Seguro que sí! Pero, antes de sacar el teléfono o echar mano del pincel, inspírate en el arte. ¡Los artistas llevan siglos haciéndose selfis!

MUESTRA CÓMO TE SIENTES POR DENTRO

FRIDA KAHLO, LAS DOS FRIDAS, 1939

El cuadro de Frida Kahlo muestra dos retratos con su corazón en el pecho. Uno está roto.

PON TU MEJOR SONRISA

YUE MINJUN, GUERRERO DE TERRACOTA CONTEMPORÁNEO, 2000

El selfi de Yue Minjun lo muestra con una enorme sonrisa. Pero, ¿qué es eso tan gracioso?

PONTE TU MEJOR TRAJE
CINDY SHERMAN, FOTOGRAMA SIN TÍTULO #58, 1980

Cindy Sherman se fotografiaba a sí misma con muchos disfraces. ¡Puedes vestirte como quieras en un selfi!

POSA CON LA PERSONA QUE QUIERES
GLUCK, MEDALLÓN (TÚ NOSOTROS), 1936

Gluck pintó este autorretrato junto a su pareja. Por eso el cuadro se llama «Tú Nosotros».

UN MENSAJE DE TU HISTORIADORA DEL ARTE

Cuando iba al colegio, la Historia era una de mis asignaturas preferidas. Me encantaba escuchar historias sobre otros lugares del mundo y sentía que esas narraciones tenían todos los ingredientes de un relato perfecto: batallas épicas, historias de amor y largos viajes. Pero a diferencia de los cuentos de hadas, todo había sucedido de verdad. Cuando empecé a estudiar historia del arte, descubrí con gran alegría que podía sumergirme en la historia observando cuadros, objetos y edificios. De repente, ¡mis historias favoritas tenían imágenes!

A menudo la gente me pregunta qué tipo de trabajo se puede hacer si estudian historia del arte, a lo que yo respondo con satisfacción que las posibilidades son infinitas. Se puede trabajar en un estudio de cine dando consejos sobre cómo lograr que una escena sea históricamente precisa, o colaborar con la policía para detener a los ladrones de arte. Un historiador del arte puede viajar por todo el mundo para desenterrar antiguas ruinas o puede tomar un pincel para restaurar con sumo cuidado obras maestras a punto de desvanecerse.

Si te han gustado las obras que has visto en este museo, te animo a que visites tantos museos como puedas. Sentarse frente a un hermoso cuadro es algo fantástico. Si un artista o sección te ha gustado especialmente, pide ayuda a tus padres para ver si puedes encontrar más información. Hay cientos de galerías, libros y páginas web dedicados a artistas individuales. Al recorrer este museo ya estás en camino de convertirte en especialista en historia del arte. Quién sabe si algún día incluso acabes fundando tu propio museo…

MUSEOS DEL MUNDO

Visitar un museo en un libro se puede hacer en cualquier momento, pero la experiencia de ir a un museo en persona es única. Colocarse delante de una obra de arte significa poder disfrutar de cerca de sus increíbles colores, texturas y detalles.

Hay museos de todo tipo y en casi cualquier lugar. Hay tantísimos que sería imposible ponerlos en una lista, de modo que aquí te mostramos solo algunos de los más famosos del mundo.

222 El mejor museo del mundo

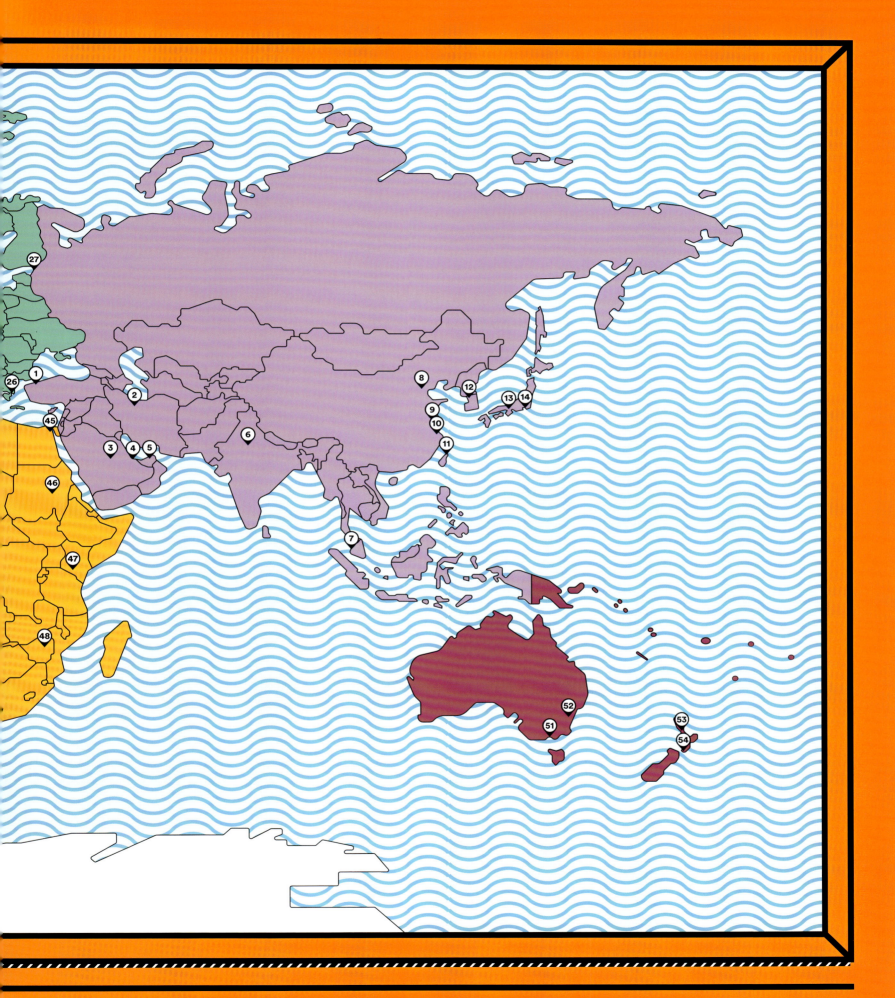

MUSEOS DEL MUNDO

ASIA
1. Estambul (Turquía): Museo Topkapi
2. Teherán (Irán): Museo de Arte Contemporáneo de Teherán
3. Riad (Arabia Saudí): Museo Nacional de Arabia Saudí
4. Doha (Qatar):
   - Museo de Arte Islámico
   - Museo Árabe de Arte Moderno
5. Sharjah (Emiratos Árabes Unidos): Museo de Arte de Sharjah
6. Nueva Delhi (India):
   - Galería Nacional de Arte Moderno
   - Museo Nacional
7. Kuala Lumpur (Malasia): Museo de Arte Islámico de Malasia
8. Pekín (China): Museo Nacional de China
9. Nanjing (China): Museo de Nanjing
10. Hangzhou (China): Museo de Zhejiang
11. Taipéi (Taiwán): Palacio Nacional
12. Seúl (Corea del Sur): Museo Nacional de Corea
13. Kioto (Japón): Museo Nacional de Kioto
14. Tokio (Japón): Museo Nacional de Tokio

EUROPA
15. Madrid (España):
    - Museo Nacional Centro de Arte Reina Sofía
    - Museo Nacional del Prado
16. Londres (Reino Unido):
    - Museo Británico
    - Tate
    - Galería Nacional
    - Victoria & Albert Museum
17. París (Francia):
    - Museo del Louvre
    - Museo de Orsay
18. La Haya (Países Bajos): Mauritshuis
19. Ámsterdam (Países Bajos): Rijksmuseum
20. Berlín (Alemania):
    - Museo de Pérgamo
    - Museo Nuevo
21. Múnich (Alemania): Alte Pinakothek
22. Viena (Austria): Museo de Historia del Arte
23. Florencia (Italia): Galería de los Uffizi
24. Ciudad del Vaticano (Vaticano): Museos Vaticanos
25. Nápoles (Italia): Museo Arqueológico Nacional
26. Atenas (Grecia):
    - Museo Arqueológico Nacional
    - Museo de la Acrópolis
27. San Petersburgo (Rusia): Museo del Hermitage

AMÉRICA DEL NORTE
28. Ottawa (Canadá): Galería Nacional de Canadá

29. San Francisco (Estados Unidos): Museo de Arte Moderno
30. Los Ángeles (Estados Unidos): Museo de Arte del Condado de Los Ángeles - LACMA
31. Chicago (Estados Unidos): Instituto de Arte de Chicago
32. Washington D. C. (Estados Unidos):
    - Galería Nacional de Arte
    - Museo Nacional de Historia y Cultura Afroamericana
33. Nueva York (Estados Unidos):
    - Museo Metropolitano de Arte
    - Museo de Arte Moderno - MoMA
34. Boston (Estados Unidos): Museo de Bellas Artes
35. Ciudad de México (México):
    - Museo Nacional de Arte
    - Museo de Arte Moderno

AMÉRICA CENTRAL Y DEL SUR

36. Lima (Perú): Museo de Arte de Lima
37. Santiago de Chile (Chile): Museo Nacional de Bellas Artes
38. Buenos Aires (Argentina):
    - Museo Nacional de Bellas Artes
    - Museo de Arte Latinoamericano de Buenos Aires - MALBA
39. São Paulo (Brasil): Museo de Arte de São Paulo
40. Río de Janeiro (Brasil): Museo de Arte Moderno

ÁFRICA

41. Dakar (Senegal): Museo de las Civilizaciones Negras
42. Cotonú (Benín): Fundación Zinsou
43. Lagos (Nigeria): Museo Nacional de Nigeria
44. Lekki (Nigeria): Museo de Arte Yemisi Shyllon
45. El Cairo (Egipto): Museo Egipcio
46. Jartum (Sudán): Museo Nacional de Sudán
47. Nairobi (Kenia): Museo Nacional de Nairobi
48. Harare (Zimbabue): Galería Nacional de Zimbabue
49. Ciudad del Cabo (Sudáfrica):
    - Museo Zeitz de Arte Contemporáneo de África
    - Iziko Galería Nacional Sudafricana
50. Túnez (Túnez): Museo Nacional del Bardo

AUSTRALASIA

51. Melbourne (Australia): Galería Nacional de Victoria
52. Canberra (Australia): Galería Nacional de Australia
53. Auckland (Nueva Zelanda): Galería de Arte Toi o Tāmaki
54. Wellington (Nueva Zelanda): Museo de Nueva Zelanda Te Papa Tongarewa

GLOSARIO

Abstracto: que no muestra personas u objetos de forma realista; en el arte abstracto vemos imágenes reconocibles o todo lo contrario.

Academias de arte: escuelas en las que los artistas estudian pintura, dibujo, escultura y otras disciplinas de las bellas artes.

Arquitectura: arte de construir edificios.

Arte clásico: término que engloba a las obras realizadas durante la época de la antigua Grecia y Roma o posteriores, pero influenciadas por ese estilo.

Artesano: persona que tiene una habilidad especial para elaborar utensilios o materiales, como, por ejemplo, la seda.

Bidimensional: que tiene dos dimensiones: largo y ancho.

Bodegón: pintura con elementos como flores o alimentos.

Bordado: tela u otro material similar decorado con diseños cosidos con aguja e hilo.

Bronce: metal fabricado mediante la aleación de cobre y estaño.

Busto: escultura de la mitad superior del tronco, incluyendo cabeza, cuello y hombros.

Cerámica: arcilla moldeada que se calienta a una temperatura muy elevada para que se endurezca.

Claroscuro: término procedente de la fusión de las palabras italianas *chiaro* y *scuro*, y que indica un acusado contraste entre la luz y las sombras en un cuadro.

Contraste: diferencia marcada entre dos elementos de una obra, como la luz y la oscuridad o lo duro y lo blando.

Cuarto oscuro: sala con muy poca luz (a menudo una luz de color rojo) que se utiliza para revelar fotografías.

Cubismo analítico: estilo en el que el artista analiza en detalle un objeto con la intención de mostrar su forma tridimensional en una superficie plana.

Díptico: obra de arte compuesta por dos piezas o partes, pero que se consideran una sola unidad.

Escultura: obra de arte tridimensional que se obtiene mediante el tallado, moldeado o ensamblado de materiales como la madera, la piedra, la arcilla, el metal u otros objetos prefabricados.

Espacio negativo: espacio vacío o abierto alrededor de un objeto en una obra de arte.

Estampado a la cera: tela típica de muchas culturas de África Occidental cuyos coloridos diseños suelen tener algún significado especial; también se le conoce como estampado holandés.

Experimental: estilo artístico o técnica nueva e innovadora.

Figurillas: pequeñas estatuas talladas, a menudo con forma de personas o animales.

Forma: la silueta de una persona u objeto.

Fotomontaje: imagen compuesta por diferentes fotografías y técnica de realizarlo.

Fresco: pintura que se hace en una pared mientras el yeso está fresco (también se le conoce como *buon* fresco). Cuando la pintura se mezcla con otros materiales se aplica sobre el yeso seco y se le llama fresco *secco*.

Geométrico: imagen o diseño elaborado a partir de formas o líneas.

Grabador: artista que imprime imágenes o diseños.

Idealizado: que representa a una persona o a un objeto como si fuera perfecto o mejor de lo que realmente es.

Impasto: tipo de pintura al óleo en el que esta se aplica en capas muy gruesas.

Instalación: obra de arte (a menudo suele ser de gran tamaño) diseñada para alterar la percepción que un espectador tiene de un lugar.

Mito: narración, sobre todo de la antigüedad, que ayuda a explicar los fenómenos naturales o la historia temprana de una cultura.

Mosaico: dibujo o diseño compuesto por pequeñas piezas de materiales como vidrio o piedra, que se colocan juntos sobre una superficie plana.

Movimiento: estilo de un grupo de artistas cuyas obras comparten características, ideas o inspiraciones similares.

No representativo: que no muestra a una persona, lugar o cosa reconocible.

Obsidiana: vidrio producido de forma natural cuando la lava se enfría muy rápidamente.

Occidental: término empleado para referirse a las culturas de Europa y América del Norte.

Perspectiva: efecto de profundidad en una obra para que parezca tridimensional, logrado, por ejemplo, mostrando las cosas que están lejos más pequeñas que las que se encuentran más cerca.

Pigmento: materiales de colores que se mezclan con un líquido, como agua o aceite, para obtener pintura.

Plantillas: pieza de material fino como papel o plástico, con un diseño recortado que se puede trazar o pintar sobre una superficie.

Puntillismo: técnica pictórica que consiste en pintar pequeños puntos para crear zonas de color que forman un dibujo o un patrón.

Reliquia: objeto que perteneció a una persona santa y que después de su muerte se conserva como objeto religioso digno de veneración.

Seda: fibra natural fabricada principalmente por los gusanos de seda y que se utiliza para obtener un tejido muy fino y suave.

Simbolismo: el uso de imágenes u objetos para representar ideas.

Tapiz: tela pesada con diseños o imágenes tejidas que se suele colgar en la pared.

Templo: edificio que se utiliza para el culto.

Textiles: telas o materiales tejidos, como ropa, alfombras, tapices, mantas y telas.

Tridimensional: que tiene tres dimensiones: largo, ancho y alto.

ÍNDICE

Los números en *cursiva* hacen referencia a las ilustraciones

A
Acad, rey 20, *20*
Acteón 126, *126*
África Central 150
África del Sur 152
África Occidental 148-149
África Oriental 153
Afrodita 41, *41*
Akbar 104, *104*
Albers, Anni 202, *202*
alfombra de Ardabil 115, *115*
altar de Gante 125, *125*
alto renacimiento italiano 120-121
Alÿs, Francis 213, *213*
Ambrym 145
Anfítrite 41, *41*
anglos y sajones 62, 64
antiguos griegos 34-41, 49, 121, 136
Anubis 28, *28*
Arcimboldo, Giuseppe 97, *97*
aríbalo janiforme 38, *38*
arqueros nubios 32, *32*
arquitectura 42, 56, 69
arquitectura mogola 114
arte aborigen australiano 207, *207*
arte abstracto 36, *36*, 184, 188
arte africano 146-153, 158
    máscaras 168, *168*, 169.
arte afroamericano 202
arte asiático 100-115
arte bizantino 50-55, 68, 151
arte chicano 209
arte cicládico de la edad del bronce 36
arte conceptual 194, 213, 215
arte contemporáneo 186-219
arte coreano 77, 78-79, 110, 111, *111*
arte cristiano etíope 151
arte en templos 86
arte del Pacífico 142-145
arte en 3D 200-201
arte feminista 208
arte figurativo 146, 153
arte funerario 70, 74, *74*, 75, *75*, 77, *77*, 80, *80*
arte gótico 62, 69, 122
arte iraní 23
arte islámico 56-61
    diseños de alfombras 115, *115*
arte levantino 23
arte mesopotámico 18-25
arte micénico 37
arte minoico 37
arte moderno 158-185
arte mítico 39

arte narrativo 65, *65*
arte no representativo 188, 189
arte prehistórico 12-17
artes decorativas 105, *105*
Ashoka, emperador 84
Asia oriental 70-81
Asurnasirpal II, rey 21, *21*
Aydakin ibn 'abd Allah 61
Azana, rey 151
aztecas 88, 92, 94, *94*, 181

B
bambú 107, *107*
Bamum, reino 150, *150*
barco de Thera, fresco 36, *36*
barroco 130-31, 132
Basquiat, Jean-Michel 215
Bastet 33
Bauhaus 202
Bearden, Romare 185, *185*
Bellows, George 167, *167*
Benín, reino 148, *148*
Bhairava 86, *86*
biblia 54, *54*, 69, 151, 177, *177*
Boccioni, Umberto 170, *170*
bodegón 132
bodhisattva 87, *87*
Bonheur, Rosa 141, *141*
Bosch, Jheronimus (El Bosco) 124, *124*
botella en forma de pez 33, *33*
Botticelli, Sandro 118, *118*, 121, 166
Bourgeois, Louise 201, *201*
Braque, Georges 169, *169*
Breton, André 182
Bruegel, Pieter El viejo 127, *127*
Buda 78, *78*, 81, *81*, 82, 84, 87
budismo 70, 78, *78*, 81, 82, 84, 86, 103
Burkina Faso 149, 168
bustos 45, 49, 176, *176*
Bwa, pueblo 168, *168*

C
Calder, Alexander 201, *201*
caligrafía 60
campo de color 190-191
Carriera, Rosalba 134, *134*
casco 64, *64*
Cassatt, Mary 163, *163*
catedral de Chartres 69, *69*
Celmins, Vija 211, *211*
cerdo-dragón 73, *73*
cerámica
    china y coreana 79, *79*, 111, *111*
    griega 38
    inca 95, *95*

César Augusto 45, *45*
Cézanne, Paul 96, *96*, 169
Chicago, Judy 208, *208*
China 70, 72-76, 78, 79, 106-109, 111
chocolate 93
Christo, y Jeanne-Claude 206, *206*
Chŏng Sŏn 110, *110*
Ciro II, rey 24
claroscuro 131
Claudio 45, *45*
colcha 177, *177*
collage 185, *185*, 210
columna de Trajano 48, *48*
conchas de cauri 150
cong (tubo) 73, *73*
Constable, John 138, *138*
Constantino el Grande 50
copa con asa 37, *37*
copa de Vafeio 37, *37*
Corán 56, 59, 61, *61*, 114
Courbet, Gustave 141, *141*
Coyolxauhqui 94, *94*
crátera de Hirschfeld 38, *38*
cristianismo 50, 52, 53, 54, 62, 66, 68, 130, 151
cruz procesional 151, *151*
cubismo 169, 170, 185, 189, 193
cubismo analítico 169
cubismo dinámico 177
cuchillas 37, *37*
cuerno para beber 24, *24*
cueva de Blombos 152
cueva de Lascaux 14-15, *15*
cueva de las manos 16, *16*
cultura Bambara 149
cultura de Dinwoody 90, *90*
cultura dogón 148, 149
cultura Hongshan 73
culturas del Misisipi 91
culturas de los bosques 91, *91*
culturas nativas de América 88-95
Cupido 45, 131
cúfico 60

D
da Caravaggio, Michelangelo Merisi, 130, *130*
dadaísmo 171, 182, 185, 198
Dai, señora 74, *74*
Dalila 131, *131*
Dalí, Salvador 183, *183*
David, Jacques-Louis 136, 137, *137*
David, jarrones 111, *111*
David 119, *119*, 121, *121*
Degas, Edgar 163, *163*
de Kooning, Willem 189, *189*

de Morgan, Evelyn 166, *166*
Der Blaue Reiter 172, *173*
descolonizar el arte 212
De Stijl (el Estilo) 178, *179*
Diana 126, *126*
Die Brücke 172, *173*
ding (bronce) 72, *72*
dinteles tallados 144, *144*
Dionisio 39, *39*
dioses y diosas 28
díptico 55, *55*
diseños de alfombras 115, *115*
dogū 80
Donatello 119, *119*, 121
Dong Qichang 106, *106*
Duchamp, Marcel 170, *170*, 171, *171*, 201
Duncanson, Robert 138, *138*
dupun 207, *207*
Durero, Alberto 123, *123*

E
edad del bronce 37
edad del bronce china 72
edad de piedra 12-17
Egipto antiguo 26-33, 40
época helenística 40
eruditos-funcionarios 106
escudo 145, *145*
escuela de Bengala 180
escuela del río Hudson 138
escuela de Tosa 113
escultura: africana 148-150
    budista 78, *78*
    china 74, *74*
    cultura del Misisipi 91, *91*
    gótica 69, *69*
    griega 40-41, 49
    hindú 85, *85*, 86
    japonesa 80, *80*
    moderna y contemporánea 184, 198, 199, 200, 201
    relieve 55, *55*
    romana 49, *49*
escultura en piedra 86-87
esculturas cinéticas 201
espacio negativo 184
estandarte de Ur 20, *20*
estatuilla votiva sumeria 20, *20*
estereotipos 167
estupa 84, *84*
etruscos 42-44
Europa medieval 62-69
expresionismo 172-173, 188, 215
expresionismo abstracto 188-189
expresionismo alemán 172, 173, 215

F
fang hu 72, *72*
faraones 29, 30
fauvismo 165, 172
fêtes (fiestas) galantes 135
figurillas, 17, *17*, 36, *36*, 80, *80*
Flavin, Dan 203, *203*
Fontana, Lavinia 121, *121*
fotografía 158, 175, 210, 211
fotomontaje 185, *185*
Fragonard, Jean-Honoré 135, *135*
Frankenthaler, Helen *190-191*, 191
frescos 36, *36*, 44, *44*, 46, *46*, 86, 87, *87*
Fuji, monte 160, *160*
futurismo 170

G
Gabriel 55, *55*
Gainsborough, Thomas 134, *134*
ganado 16, 32, *32*
Ganesha 85
Garza, Carmen Lomas 209, *209*
gato de Gayer-Anderson 33, *33*
gatos 33, *33*
Gee, Joseph 217
género pictórico 127, 132, 133
Genji, Hikaru 113, *113*
Gentileschi, Artemisia 131, *131*, 208
Géricault, Théodore 140, *140*
Gluck 219, *219*
grabado en madera 160, *160*, *161*, 173
gran depresión 174, 175
gran estupa, Sanchi 84, *84*
gran migración 176
Grimm, cuentos de hadas 140
Guan Daosheng 107, *107*
guerra de la cerámica (1592-1597) 111
guerrero de Riace 40, *40*
guerreros de terracotta 75, *75*
guerreros águila 94, *94*
gwandusu 149, *149*

H
Hades 39, *39*
Hamilton, Richard 197, *197*
Haniwa 80, *80*
hazomanga 153
hebilla 64, *64*
Hehe, pueblo 153, *153*
Hepworth, Barbara 184, *184*
Hernández, Ester 209, *209*
hinduismo 82, 85, 86
hipopótamo 33, *33*
Hiroshige, Utagawa 161, *161*
Hirst, Damien 194, *194*
historias afroamericanas 176-177

Höch, Hannah 185, *185*
Hockney, David 197, *197*
Hokusai, Katsushika 160, *160*, 210
Holbein, Hans, el Joven 122, *122*
Holzer, Jenny 203, *203*
hombre león de Hohlenstein-Stadel 17, *17*
Hopewell, pueblo 91, *91*
Hopper, Edward 167, *167*
Huitzilopochtli 94
Huizong, emperador 76, *76*

I
ibn al-Zayn, Muhammad 60, *60*
ibol 150, *150*
iconos 53, *53*
Ife 148
iglesia católica 116, 130
impasto 164, *164*
imperio aksumita 151
imperio asirio 21, 22
imperio babilónico 21, 22
imperio inca 88, 92, 95, *95*
imperio mongol 100, 103, 104, 106, 107, 115,180
imperio persa 24-25
impresionismo 139, 162-163, 164, 203
Indiana, Robert 197, *197*
Ingres, Jean-Auguste-Dominique 136, *136*
instalación artística 199, 205

J
jade 73, *73*
Japón 80-81
    arte japonés 158, 160-161
    biombos japoneses 112, *112*
jarra cebú 23, *23*
jarrones 23, *23*, 38, *38*
Jesucristo 55, 67, 69, *69*, 151, *151*
    Cristo pantocrátor 53, *53*
Johnson, William H. 176, *176*
Jōmon 80
Justiniano I 52, *52*

K
Kahlo, Frida 218, *218*
Kandinsky, Wassily 173, *173*
Kang Hŭian 110, *110*
Kangxi, emperador *108-109*, 109
Kapoor, Anish 200, *200*
Kashani, Maqsud 115, *115*
Kauffmann, Angelica 137, *137*
Kelly, Ellsworth 193, *193*
Kencana Wungu 105, *105*
Kirchner, Ernst Ludwig 172, *172*

Kitano, santuario sintoísta 81, *81*
Klimt, Gustav 155, *155*
Kollwitz, Käthe 173, *173*
kouros 184, *184*
Krasner, Lee 188, *188*, 189
Kroisos 40, *40*
Kuba, reino 150, 168
Kusama, Yayoi 204-205, 205
Kûya 81, *81*

L
Lalibela 151
lámpara de mezquita 61, *61*
land art 206
Lange, Dorothea 175, *175*
La novela de Genji 113, *113*
Laocoonte 41, *41*
Lawrence, Jacob 177, *177*
Leonardo da Vinci 116, 120, *120*, *121*, 202
LeWitt, Sol 194, *194*
Leyster, Judith 133, *133*
libro de horas 69, *69*
Libro de Kells 59, 67, *67*
Lichtenstein, Roy 196, *196*
Liwangu, Johnny 207, *207*
los cuatro caballeros 107
Luis XIV, rey 134
luz 203-205

M
Maar, Dora 182
Madagascar 153
Magritte, René 182, *182*
Mahoma, profeta 56, 59
Malevich, Kazimir 178, *178*
Mali 149
mana 144
manchúes 109
Manet, Édouard 163, *163*, 217
manuscritos iluminados 54, *54*, 67, *67*, 151, *151*
maqueta de carruaje 24, *24*
marfil 55, 85, 148, *148*
marionetas 105, *105*
Marshall, Kerry James 217, *217*
María Antonieta, reina 136, *136*
máscara *rom* 145, *145*
máscaras 145, *145*, 148, *148*, 150, *150*, 158, 168, *168*, 169
mascotas 33, *33*
materiales inusuales 198
Matisse, Henri 165, *165*, 168
Maya 88, 91, 93, *93*, 181
Médici, familia 121
Medusa 140, *140*
Meketre 32

Melanesia 145, *145*
Merian, Maria Sibylla 154, *154*
mezquitas 59, *59*, 61
Michizane, Sugawara no 81
Micronesia 144
Miguel, arcángel 53, *53*
Miguel Ángel 41, 120, *121*, *121*
mihrab 59, *59*
Millais, John Everett 166, *166*
Mimbres, cultura 90, *90*
mimi 207
miniaturas, pintura 102-103, 180
minimalismo 192-193, 203
Mitchell, Joan 188, *188*
Mitra 23, *23*
Mitsuyoshi, Tosa 113
moai 144, *144*
modernismo indio 180
momias 26, 28, 30
Mondrian, Piet 179, *179*
Monet, Claude 162, *162*
Morisot, Berthe 162, *162*
mosaicos 34, 39, 47, *47*, 52, *52*, 58, *58*
Munch, Edvard 172, *172*
muralismo mexicano 181

N
n'dop 150, *150*
Napoleón I 136, *137*
Nara, Yoshitomo 216, *216*
Naskh 60
Nebamun 29, *29*
Neel, Alice 216, *216*
Nefertiti 30, *30*
neoclásico 136-37, 140
neoexpresionismo 215, *215*
Neshat, Shirin 210, *210*
Nevelson, Louise 200, *200*
Ngaady-A-Mwaash 168, *168*
Nguni, pueblo 152, *152*
Nilo, río 32, 33
Noguchi, Isamu 184, *184*
nómadas 23
Nyim Mishé miShyááng máMbúl 150, *150*

O
Obama, Michelle 217
objeto encontrado (escultura) 171, *171*
Ockham, Guillermo de 203
Oldenburg, Claes 97, *97*
olmecas 88, 92, 181
omeyas 58
oni 148, *148*
op art 195

Oppenheim, Meret 182, *182*
oriente próximo antiguo 18-87
Orozco, José Clemente 181, *181*
O'Keeffe, Georgia 154, *154*, 208

P
Paik, Nam June 214, *214*
Pakal I, K'inich Janaab' 93, *93*
palepai 105, *105*
panel de Borobudur 86, *86*
Parks, Gordon 175, *175*
Peeters, Clara 97, *97*
performance 213, 214
periodo geométrico 38
Perséfone 39, *39*
pescador 36, *36*
petroglifos 90, *90*
Picasso, Pablo 168, 169, *169*, 182, 189, 202
pintura europea 128-141
pintura hiperrealista 211
pintura histórica 126, *126*
pintura literaria 110, *110*
pinturas de Bradshaw 16, *16*
pinturas rupestres 14-16
Polinesia 144
Pollock, Jackson 189, *189*
Pompeya 46, *46*, 137
pop art 196-197
posimpresionismo 164
posmodernismo 186-219
Powers, Harriet 177, *177*
prerrafaelitas 166
Prometeo 181
propulsor de lanzas 17, *17*
puerta de Ishtar 22, *22*
punch'ŏng 111, *111*
puntillismo 164, *164*

Q
Qin Shi Huangdi 75, *75*
quattrocento 118-19, 166
quemador de incienso 79, *79*

R
Rafael 120, *120*, 121, 166
Rama *102-103*, 103
Ramayana 87, *102-103*, 103
Ramingining 207
Rapa Nui (Isla de Pascua) 144, *144*
Rauschenberg, Robert 198, *198*
Ray, Man 171, *171*
realismo:
 realismo americano 167
 realismo europeo 141, 163
regionalismo americano 174, 175
relicario 66, *66*

relieves 21, *21*, 25, *25*, 31, 55, *55*, 69, *69*, 86, 119, *119*
relieves de Persépolis 25, *25*
reliquia 66, *66*
Rembrandt van Rijn 133, *133*
renacimiento 115, 116-27, 166
renacimiento de Harlem 177
renacimiento europeo 116-127
renacimiento italiano 120-121
renacimiento nórdico 122-125
reposacabezas 152, *152*
retablos 124-125
Richter, Gerhard 211, *211*
Riley, Bridget 195, *195*
Ringgold, Faith 202, *202*
Rist, Pipilotti 214, *214*
Rivera, Diego 181, *181*
rococó 134-135
romanos 34, 42-49, 50, 66, 68, 136
romanticismo 140
románico, estilo 68, 69
Rossi, Properzia de' 119, *119*
Rothko, Mark 192, *192*
Rousseau, Henri 155, *155*
Rubens, Pedro Pablo 131, *131*
ruta de la seda 100
Ruysch, Rachel 132, *132*

S
Saar, Betye 198, *198*
Safi al-Din Ardabili 115
Sakalava 153, *153*
Sakhmet 28, *28*
sala de los toros, Lascaux 14-15, *15*
san Andrés 66, *66*
san Esteban 68, *68*
san Jorge 118, *118*
san Mateo 67, *67*
Sancho, Ignacio 134, *134*
Sansón 131, *131*
Santa Fe 66, *66*
santuario 81, *81*
Sarpedón 38, *38*
Savage, Augusta 176, *176*, 177
Schapiro, Miriam 208, *208*
seda, pintura 74, *74*, 76, *76*
selfis 218-219
sermones de san Gregorio 54, *54*
Seurat, Georges 164, *164*
Shahibdin 103
Sher-Gil, Amrita 180, *180*
Sherald, Amy 217, *217*
Sherman, Cindy 219, *219*
Shikibu, Murasaki 113, *113*
Shiva, dios 85, *85*, 86
Shonibare, Yinka 212, *212*
Siddal, Elizabeth 166

siglo de oro holandés 132-133
sintoísmo 81
Sirani, Elisabetta 130, *130*
Smith, David 201, *201*
Soto, Jesús Rafael 195, *195*
Stella, Frank 193
Stora Hammars, piedra 65, *65*
suprematismo 178
surrealismo 182-183
sur y sudeste asiáticos 82-87
Sutton Hoo 64

T
Tagore, Abanindranath 180, *180*
Taj Mahal 114, *114*
talla 145, *145*
Tane 144, *144*
Tanner, Henry Ossawa 167, *167*
Tanning, Dorothea 183, *183*
Tanzania 153
Tan'yū, Kanō 112, *112*
taoísmo 111
tapa de caja de cosméticos 23, *23*
tapices 68, *68*
tapiz de Bayeux 68, *68*
textiles 76, *76*, 202
Thiebaud, Wayne 97, *97*
Thomas, Alma 192, *192*
Tiziano 126, *126*
tocapu 95, *95*
Tōhaku, Hasegawa 112, *112*
trono 153, *153*
Truth, Sojourner 208
Tsonga, pueblo 152, *152*
Tubman, Harriet 176, *176*, 177, *177*
tumba de los leopardos 44, *44*
Turner, J.M.W. 138, *139*, *139*
Tutankamón 30, *30*
Tutmosis III 31, *31*
Twyfelfontein 16, *16*

U
Uccello, Paolo 118, *118*
ukiyo-e 160, *160*, 163
urpu 95, *95*

V
valquiria 65
van Doesburg, Theo 179
van Eyck, Hubert 125, *125*
van Eyck, Jan 116, 122, *122*, 125, *125*, 136
van Gogh, Vincent 164, *164*, 172, 191
van Hemessen, Catharina 123, *123*
Vasari, Giorgio 119
vasija de figuras rojas 38, *38*
veleta de Heggen 65, *65*
Velázquez, Diego 130, *130*

Venus 49, *49*, 131
Venus de Milo 41, *41*
Venus de Willendorf 17, *17*
Vermeer, Johannes 132, *132*
Vesubio, monte 46, 137
Victoria de Samotracia 40, *40*
vicuña, lana 95, *95*
videoarte 214, *214*
Vigée Le Brun, Élisabeth Louise 136, *136*
vikingos 62, 65
Virgen María 55, *55*
Vishnu, dios 85, *85*, 103
vitela 151

W
Walker, Kara 212, *212*
Wall, Jeff 210, *210*
Wang Hui 108-109, 109
Warhol, Andy 196, *196*, 197
Watteau, Jean-Antoine 135, *135*
wayang golek (marioneta) 105, *105*
Whistler, James McNeill 161, *161*
Whiteread, Rachel 199, *199*
Wood, Grant 174, *174*, 175
Wright of Derby, Joseph 137, *137*

X
Xu Bing 199, *199*

Y
yamato-e 112, *112*
Yoruba, reino 148, *148*
Yue Minjun 218, *218*

Z
Zhao Mengfu 107, *107*

CRÉDITOS FOTOGRÁFICOS

Deseamos dar las gracias a todos los que nos han permitido reproducir sus obras. Se han hecho todos los esfuerzos para obtener la autorización previa a su publicación. Phaidon se disculpa por cualquier error u omisión involuntarios y se compromete a introducir las correcciones que se le notifiquen a la mayor brevedad posible.

Todas las obras con copyright son propiedad de los artistas.

© ADAGP, París y DACS, London 2021: 169iz; akg-images / Álbum: 119d, 138s, / Bildarchiv Monheim: 69iz, / The Morgan Foundation, Londres: 166iz, /Heritage Images / Fine Art Images: 155i, /Erich Lessing: 36bl, 97tr, 97iiz, 132d, 161d, /MONDADORI PORTFOLIO/ Luciano Pedicini / Con el permiso del Ministero per i Beni e le Attività Culturali: 130iiz, / Pictures from History: 107d, /Science Source: 39iiz, 39id; Alamy Stock Photo: / © A.P: 65iz, / © Bildarchiv Monheim GmbH: 59iz, Danita Delimont Creative: 114, / The History Collection: 107iz, / imageBROKER / Fotografía: Raimund Kutter: 44, / © Neil McAllister: 86s, / Niday Picture Library: 180iz; © ARS, NY y DACS, Londres 2021: 194i; © del artista: 184d; Cortesía del artista: 209d; © del artista: 210i; © del artista: 213; © del artista: 216iz; © del artista/Art Gallery of Ontario, Toronto, Canadá: 97tl; © del artista/Hirshhorn Museum and Sculpture Garden, Smithsonian Institution: 214i; © del artista/Imagen cortesía del artista y Stephen Friedman Gallery (Londres) y James Cohan Gallery (NY)/Vanhaerents Art Collection, Bruselas, Bélgica / © Yinka Shonibare CBE. Todos los derechos reservados, DACS 2021: 212s; © de los artistas/Fotógrafo: Harry Shunk / © ADAGP, París y DACS, Londres 2021: 206; © del artista/Cortesía Yayoi Kusama Studio/Victoria Miro Gallery, London y Ota Fine Arts, Tokio/Fotografía de Norihiro Ueno: 204-205; © Asian Art Museum of San Francisco/ The Avery Brundage Collection: 112s, 113d; © Fotografía 1985 Dirk Bakker: 91iz; Bayerische Staatsgemäldesammlungen – Alte Pinakothek, München Alte Pinakothek München, URL: https://www.sammlung.pinakothek.de/en/artwork/Qlx2QpQ4Xq (Última actualización en 19.02.2020): 123iz; © Fotografía de Jonathan Bloom: 59d; © Bibliothèque nationale de France: 54; Bridgeman Images: 130s, / Art Institute of Chicago, IL, EE. UU./© ADAGP, París y DACS, Londres 2021: 182iz, / Christie's Images / © The Gluck Estate. Todos los derechos reservados, DACS 2021: 219i, / Fotografía © Collection Artedia © ADAGP, París y DACS, Londres 2021: 195iz, / © Colin Davison / © Jenny Holzer. ARS, NY y DACS, Londres 2021: 203s, / © Detroit Institute of Arts, USA/Adquisición de Founders Society, Allen Shelden III Fund/Bridgeman Images: 168iz, / Fine Art Images: 121i, / © Musée Condé, Chantilly, Francia: 69d, / Adquisición de Museum Minority Artists / © Romare Bearden Foundation/VAGA at ARS, NY y DACS, Londres 2021: 185iz, / © Museo del Templo Mayor, Ciudad de México, México/Jean-Pierre Courau: 94iz, / Philadelphia Museum of Art, Pensilvania, PA, EE. UU/The Louise and Walter Arensberg Collection, 1950/© Association Marcel Duchamp/ADAGP, París y DACS, Londres 2021: 170iz, / ©Pomona College, Claremont, California/Fotografía: Schenck & Schenck: 181s, / © Tokyo National Museum, Japón: 112i, / Universidad Autónoma de Chapingo, México/Dirk Bakker, fotógrafo del Detroit Institute of Arts/© Banco de México Diego Rivera Frida Kahlo Museums Trust, México, D.F. / DACS 2021: 181i, / © University College of Wales, Aberystwyth, Gales/ Bridgeman Images: 137siz; © Brooklyn Museum: / 86.229.5/Donación de Evelyn A. J. Hall y John A. Friede: 145iz, / 22.666/Exposición del museo 1922, Robert B. Woodward Memorial Fund: 152s; © Judy Chicago. ARS, NY y DACS, Londres 2021: 208iz; © Jean Clottes: 16s; © CORBIS: 45iz, 74iz, 150iz, / © Atlantide Phototravel: 84, / © Richard A. Cooke: 91d, / © epa/© 1998 Kate Rothko Prizel & Christopher Rothko ARS, NY y DACS, Londres 2021: 192iz, / © Michael Freeman: 87, / © Photolibrary: 144iz; © DACS 2021: 185d; © Departamento de antigüedades, Chipre: 37siz; © Imagen www.egyptmemory.com/Center for Documentation of Cultural and Natural Heritage (CULTNAT): 28d; © Fondation Louis Vuitton / Marc Domage / © The Estate of Jean-Michel Basquiat / ADAGP, París y DACS, Londres 2021: 215; Getty Images / nicolamargaret: 16id; FMGB Museo Guggenheim de Bilbao/Fotografía: Erika Ede, 2003/© 2021 Calder Foundation, NY / DACS, Londres: 201id; Gund Gallery Collection; Donación de David Horvitz '74 y Francie Bishop Good. © Faith Ringgold / ARS, NY y DACS, Londres, Cortesía de ACA Galleries, NY 2021: 202iz; © R. Hamilton. Todos los derechos reservados, DACS 2021: 197sd; Colección de Hampton University Museum, Hampton, VA: 167i; © Damien Hirst y Science Ltd. Todos los derechos reservados, DACS 2021: 194s; Fotografía : The Jacob and Gwendolyn Lawrence Foundation / © The Jacob and Gwendolyn Knight Lawrence Foundation, Seattle / Artists Rights Society (ARS). NY y DACS, Londres 2021: 177s; © Andrea Jemolo, Roma: 31; © Anish Kapoor. Todos los derechos reservados, DACS 2021: 200iz; © Kulturhistorisk museum, Universitetet i Oslo/Truls Teigen: 65d; Kunstmuseum Basilea. Donación de J.J. Bachofen-Burckhardt Collection, 2015: 123d; © Fotografía Jürgen Liepe: 32s, 32i; Carmen Lomas GARZA / Colección del Smithsonian American Art Museum, Washington, D.C.: 209iz; Fotografía: Attilio Maranzano / © The Easton Foundation/VAGA at ARS, NY y DACS, Londres 2021: 201s; © Kerry James Marshall. Cortesía del artista y Jack Shainman Gallery New York: 217s; Cortesía del artista y Metro Pictures, New York: 219s; The Metropolitan Museum of Art, New York / Adquisición, Donación de The Dillon Fund, 1979: 108-109, / Rogers Fund, 1998. Accession no.: 1998.66: 151d; © Fotografía Marc Muench: 90s; Museum of Contemporary Art San Diego. Donación del Dr. y la Sra. Jack M. Farris. / © Obra Ellsworth Kelly Foundation, Cortesía de Matthew Marks Gallery: 193; © Museum of Fine Arts, Boston: 93iz; Museum of Modern Art, NY / © Salvador Dalí, Fundación Gala-Salvador Dalí, DACS 2021: 183s; Cortesía de National Gallery of Art, Washington: 163id; Collection de la National Gallery of Art / © Herederos de Joan Mitchell: 188s; © National Gallery of Australia, Canberra: 207d; National Gallery of Canadá, Ottawa / Fotografía: NGC: 134iz; Division of Cultural and Community Life, National Museum of American History, Smithsonian Institution: 177i; Fotografía: Nationalmuseum, Estocolmo/ Wikimedia Commons CC PD: 133d; © National Museums Liverpool: 55d; National Portrait Gallery, Smithsonian Institution; Donación de Kate Capshaw y Steven Spielberg; Judith Kern y Kent Whealy; Tommie L. Pegues y Donald A. Capoccia; Clarence, DeLoise y Brenda Gaines; Jonathan y Nancy Lee Kemper; The Stoneridge Fund of Amy y Marc Meadows; Robert E. Meyerhoff y Rheda Becker; Catherine y Michael Podell; Mark y Cindy Aron; Lyndon J. Barrois y Janine Sherman Barrois; El honorable John y Louise Bryson; Paul y Rose Carter; Bob y Jane Clark; Lisa R Davis; Shirley Ross Davis y familia; Alan y Lois Fern; Conrad y Constance Hipkins; Sharon y John Hoffman; Audrey M. Irmas; John Legend y Chrissy Teigen; Eileen Harris Norton; Helen Hilton Raiser; Philip y Elizabeth Ryan; Roselyne Chroman Swig; Josef Vascovitz y Lisa Goodman; Eileen Baird; Dennis y Joyce Black Family Charitable Foundation; Shelley Brazier; Aryn Drake-Lee; Andy y Teri Goodman; Randi Charno Levine y Jeffrey E. Levine; Fred M. Levin y Nancy Livingston, The Shenson Foundation; Monique Meloche Gallery, Chicago; Arthur Lewis y Hau Nguyen; Sara y John Schram; Alyssa Taubman y Robert Rothman: 217i; Cortesía y copyright de The Gordon Parks Foundation: 175i; © The Pollock-Krasner Foundation ARS, NY y DACS, Londres 2021: 188i; © Gerhard Richter: 211iz; © Rijksmuseum voor Volkerkunde, Leiden: 86i,105d; © Pipilotti Rist. Cortesía de la artista, Hauser & Wirth y Luhring Augustine: 214s; © RMN: 23iz, 23d, 40d, 41iz, / Daniel Arnaudet: 140, / Gérard Blot/ Christian Jean: 137sd, / René-Gabriel Ojeda: 17sd, / © París - Musée de l'Armée/Dist. RMN/ Pascal Segrette: 136iz; © Roemer und Pelizaeus Museum, Hildesheim: 28iz; © Royal Academy of Arts: 137i; © 2021. Photo Scala, Florencia: 20siz, 30iz, 37sd, 40iz, 41d, 45d, 47, 49iz, 49d, 53iz, 58, 68siz, 68sd, 94d, 119iz, 120d, 148iz, / © 2021. De Agostini Picture Library/Scala, Florencia: 25, / © 2021. The Art Institute of Chicago/Art Resource NY: 164s, / © 2021 Photo Scala, Florencia/Art Resource, NY / © Morgan Art Foundation Ltd /Artists Rights Society (ARS), New York, DACS, Londres 2021: 197i, / © 2021. Photo Scala, Florencia/Art Resource/Photo 2021 Smithsonian American Art Museum / © Estate of Miriam Schapiro / ARS, NY y DACS, Londres 2021: 208d, / © 2021. Photo Scala, Florencia/BPK, Bildagentur für Kunst, Kultur und Geschichte, Berlín: 66d, 127, 132iz, / © Fotografía Hermann Buresch: 133iz, / Fotografía: Sandra Steiss: 30d, / Fotografía Olaf M. Tessmer: 22s, 22i, / © 2021. Cameraphoto/Scala, Florencia: 52, / © 2021. Christie's Images, Londres/Scala, Florencia/ © ARS, NY y DACS, Londres 2021: 173i, 192d, 200d, / © Georgia O'Keeffe Museum / DACS, Londres 2021: 154iz, / © Helen Frankenthaler Foundation, Inc. / ARS, NY y DACS, Londres 2021: 190-191, / © Wayne Thiebaud/VAGA en ARS, NY y DACS, Londres 2021: 97id, / © de la obra Yue Minjun: 218d, / ©2021. Fotografía Fine Art Images/Heritage Images/Scala, Florencia: 161iz, / ©2021. Copyright de la imagen The Metropolitan Museum of Art/Art Resource/Scala, Florencia: 33iiz, 38iz, 46, 61iiz, 61id, 81s, 160, 149iz, 149d, 150d, 151iz, 152i, 153iz, / © The Isamu Noguchi Foundation and Garden Museum/ARS, NY y DACS, Londres 2021: 184iz, / / © The Josef and Anni Albers Foundation / Artists Rights Society (ARS), NY y DACS, Londres 2021: 202d, / © 2021. Photo Scala, Florencia - Cortesía del Ministero Beni e Att. Culturali e del Turismo: 38sd, 40c, 118s, 121s, 134d, / © 2021. Copyright de la imagen Museo Nacional del Prado © MNP / Scala, Florencia: 124, / © Museum of Fine Arts, Boston. Todos los derechos reservados/Scala, Florencia: 76s, © 2021. The Museum of Modern Art, NY/Scala, Florencia: 164i, / © 2021. Imagen digital, The Museum of Modern Art, NY/Scala, Florencia: 172d, 178, 198iz, Scala, Florencia / Imagen digital 2021, The Museum of Modern Art, New York/©Vija Celmins, Cortesía de Matthew Marks Gallery: 211d, / © DACS 2021: 182d, / © The Pollock-Krasner Foundation ARS, NY y DACS, Londres 2021: 189s, / © Man Ray 2015 Trust/ DACS, Londres 2021: 171d, / © The Willem de Kooning Foundation / Artists Rights Society (ARS), New York y DACS, Londres 2021: 189i, / © 2021. Imagen digital, The Museum of Modern Art, New York Scala, Florencia. Herederos de John Hay Whitney / Herederos Picasso/DACS, Londres 2021: 169d, / ©2021. Copyright The National Gallery, Londres/ Scala, Florencia: 118i, 122iz, 130id, 131s, 139, 155s / Adquisición conjunta de National Gallery y National Galleries of Scotland con contribuciones del Gobierno escocés, el National Heritage Memorial Fund, The Monument Trust, The Art Fund (con una contribución de Wolfson Foundation), Artemis Investment Management Ltd, Binks Trust, Mr Busson en representación de EIM Group, Dunard Fund, The Fuserna Foundation, Gordon Getty, The Hintze Family Charitable Foundation, J Paul Getty Jnr Charitable Trust, John Dodd, Northwood Charitable Trust, The Rothschild Foundation, Sir Siegmund Warburg's Voluntary Settlement y financiación pública, 2009. © 2021. Copyright The National Gallery, Londres/ Scala, Florencia: 126, / ©2021. Scala, Florencia/ Photo Art Resource/Bob Schalkwijk / © Banco de México Diego Rivera Frida Kahlo Museums Trust, México, D.F. / DACS 2021: 218iz, / ©2021. RMN Grand Palais /Dist. Photo SCALA, Florencia: / Fotógrafo: Christophe Fouin: 136d, / Fotógrafo: Jean-Pierre Lagiewski. Inv.: RF.2415: 141i, / Fotógrafo: Hervé Lewandowski: 38bc, 38id, / Stéphane Maréchalle: 135d, / © 2021. Fotografía Smithsonian American Art Museum/Art Resource/Scala, Florencia: 176iz, 176d, / ©2021. White Images/ Scala, Florencia: 68i, / © 2021. Imagen digital Whitney Museum of American Art / Con permiso de Scala. Adquisición con fondos de Kathryn Fleck en honor de Maxwell L. Anderson: 210s; The Solomon R. Guggenheim Foundation, New York/Fotografía de David Heald / © Stephen Flavin / Artists Rights Society (ARS), NY y DACS, Londres 2021: 203i; Fotografía © The State Hermitage Museum / Vladimir Terebenin / © Herederos H. Matisse/ DACS 2021: 165; © Vivan Sundaram: 180d; SuperStock/© Robert Rauschenberg Foundation/VAGA en ARS, NY y DACS 2021: 198d; © Fotografía © Tate: 166d, / © ADAGP, París y DACS, Londres 2021: 183i, / © 2021 The Andy Warhol Foundation for the Visual Arts, Inc. /Con permiso de DACS, London 2021: 196i, /© Association Marcel Duchamp/ADAGP, París y DACS, Londres 2021: 171iz, / © Herederos de Roy Lichtenstein/DACS 2021: 196s, / © David Hockney: 197siz, / © del artista / © Bridget Riley 2021. Todos los derechos reservados: 195d; © The Art Archive/Dagli Orti: 48, /National Archaeological Museum, Atenas/Dagli Orti: 36id; © Tokyo National Museum: 80iz, 80d; © Tropen Museum, Ámsterdam: 105iz; © Los patronos del Museo Británico: 20i, 21s, 21i, 24iz, 24d, 33siz, 64s, 64i, 79iz, 111iz, 113iz, 144d, 148d; © Uniphoto: 77i, 78d, 106; © The University of Iowa Museum of Art, Iowa City, IA, The Stanley Collection, x 1990.697: 153d; © V&A Images/ Victoria & Albert Museum: 104, 115; Vista de la instalación: Kara Walker, Wooster Gardens/ Brent Sikkema, NY, 1998 / Photo: Erma Estwick / Artwork © Kara Walker, Cortesía of Sikkema Jenkins & Co., NY: 212i; The Whitney Museum of Art / © Estate of David Smith/ VAGA at ARS, NY y DACS, Londres 2021: 201iiz; © Xu Bing Studio: 199d; © Yoshimoto Nara, Cortesía de Pace Gallery. Fotografía de Keizo Kioku: 216d.

Estimado visitante:

Trabajar en este museo ha sido, sin duda, uno de los retos más gratificantes de mi carrera. He dedicado cientos de horas a pensar en las obras que iba a seleccionar para llenar estas salas con piezas que contasen hermosas historias.

No existe una única manera de organizar un museo. Yo decidí dividirlo en tres alas dedicadas a diferentes periodos de la historia de la humanidad. Espero que este orden te ayude a descubrir el arte de culturas únicas y a conocer cómo los artistas y sus estilos se han relacionado entre sí a lo largo del tiempo.

Pero incluso un museo imaginario tiene sus límites. El ser humano lleva siglos haciendo arte, de modo que todo no cabe en un libro. Esto significa que he tenido que tomar decisiones difíciles acerca de qué artistas y qué obras incluir. He seleccionado artistas famosos, pero también otros menos conocidos, procurando destacar a las mujeres y a las personas de color. Espero que entre ellos estén tus favoritos y que, a la vez, descubras artistas que no conocías.

- Ferren Gipson

AGRADECIMIENTOS:
Gracias a Maya Gartner y a Rebecca Morrill por creer en mí. Gracias a Angela Sangma Francis y Harriet Birkinshaw por su esfuerzo y apoyo. Y, por supuesto, a Tom, mi comprensivo y paciente marido.

Phaidon Press Limited
2 Cooperage Yard
Londres E15 2QR

phaidon.com

Primera edición en español 2021
© 2021 Phaidon Press Limited

El mejor museo del mundo se basa en *The Art Museum*, primera edición en 2011 © 2011 Phaidon Press Limited

Tipografía: Circular Pro, Plaak, y Sharp Slab

ISBN 978 1 83866 365 0
013-0721

Directora editorial: Maya Gartner
Diseño: Meagan Bennett
Producción: Rebecca Price
Asesor editorial: AHA Editorial
Responsable de la edición española:
Baptiste Roque-Genest

Reservados todos los derechos. Prohibida la reproducción en todo o en parte por cualquier medio mecánico, informático, fotográfico o electrónico, así como cualquier clase de copia, registro o trasmisión por internet sin la previa autorización escrita de Phaidon Press Limited.

Traducción del inglés: Ángeles Llamazares y Luis de Manuel Carrera para Cillero & de Motta
Realización de la edición en español:
Cillero & de Motta

Impreso en Italia